KB139697

풍부한 그림과 사진으로 배우는

네트워크

Network

쉽게, 더 쉽게 제4판

NETWORK CHO NYOUMON KOUZA DAI 4HAN

Copyright ⓒ 2018 Nobuo Mikami

Korean translation copyright ⓒ 2020 J-PUB
Original Japanese language edition published by SB Creative Corp.
Korean translation rights arranged with SB Creative Corp., through Danny Hong Agency.

네트워크 쉽게, 더 쉽게(제4판)

1쇄 발행 2020년 1월 13일
2쇄 발행 2020년 9월 30일

지은이 미카미 노부오
옮긴이 박상욱
펴낸이 장성두
펴낸곳 주식회사 제이펍

출판신고 2009년 11월 10일 제406-2009-000087호
주소 경기도 파주시 회동길 159 3층 3-B호 / **전화** 070-8201-9010 / **팩스** 02-6280-0405
홈페이지 www.jpub.kr / **원고투고** submit@jpub.kr / **독자문의** help@jpub.kr / **교재문의** textbook@jpub.kr

편집팀 이종무, 이민숙, 최병찬, 이주원 / **소통·기획팀** 민지환, 송찬수, 강민철, 김수연 / **회계팀** 김유미
진행 및 교정·교열 이주원 / **내지디자인** 이민숙 / **표지디자인** 미디어픽스
용지 신승지류유통 / **인쇄** 해외정판사 / **제본** 광우제책사

ISBN 979-11-88621-68-2 (93000)
값 25,000원

제이펍은 독자 여러분의 아이디어와 원고 투고를 기다리고 있습니다. 책으로 펴내고자 하는 아이디어나 원고가 있는
분께서는 책의 간단한 개요와 차례, 구성과 저(역)자 약력 등을 메일(submit@jpub.kr)로 보내 주세요.

풍부한 그림과 사진으로 배우는

네트워크

Network

쉽게, 더 쉽게 제4판

미카미 노부오 지음 / 박상욱 옮김

Jpub
제이펍

쉽게, 더 쉽게

"쉽게, 더 쉽게" 시리즈는
쉬운 설명, 다양한 예제, 풍부한 그림으로 구성된,
외국의 IT 각 분야 대표 입문 서적들로 이루어져 있습니다.
여러분의 기본기를 더욱 튼튼히 다져 줄 것입니다.

차/례

CHAPTER
1

네트워크 전반에 대한 이해   1

CHAPTER

4

스위치 초보 입문 79

CHAPTER

5

라우터 초보 입문   123

CHAPTER

6

보안 초보 입문 159

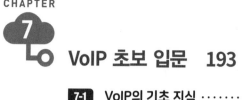

CHAPTER 7

VoIP 초보 입문   193

옮/긴/이/머/리/말

네트워크를 공부하려고 추천 도서를 찾아보면 누구나 한 번쯤 들어본 유명한 책이 많다. 그러나 IT를 접해 보지 못한 일반인은 수많은 네트워크 장비에 대한 설명과 고급 용어로 이루어져 있는 그 책에 쉽게 접근하지 못하는 것이 현실이다. 도대체 무슨 이야기인지, 어디서부터 어떻게 공부를 해야 하는지에 대한 안내가 필요하기 때문이다. 그러나 이 책은 네트워크 입문자 및 초보자와 프로그래머, 그리고 일반인까지 누구나 쉽게 공부할 수 있도록 만들어진 책이다.

이 책의 특징은 각 네트워크 요소가 어디에 위치하는지와 그들의 역할을 엔지니어가 아닌 일반인의 입장에서 이해하기 쉽게 설명한다는 데 있다. 또한, 머릿속에 오래 남을 수 있도록 사진과 그림을 활용해 실무에서 각 네트워크가 어떻게 사용되며, 어떤 모습을 하고 있는지를 간결하게 설명하고 있다. 때문에 실무 경험이 없는 입문자나 일반인에게 도움이 되는 내용이 가득하다.

이 책의 저자인 미카미 노부오 님이 대기업에서 네트워크 엔지니어로 오랫동안 일해 오면서 얻은 경험들을 어떻게 하면 독자들에게 보다 쉽게 이해시킬 수 있을지를 고민하고 정성을 쏟아 집필했기 때문에 역자로서도 자신 있게 추천하는 네트워크 입문서다. 이 책을 통하여 보다 많은 분이 네트워크를 깨우칠 기회가 되었으면 좋겠다.

감사의 글

저의 일곱 번째 제이펍 번역서 출간을 위해 수고해 주신 많은 분께 무척 감사드린다. 매번 부족한 저에게 번역 기회를 주시고 항상 조언을 아끼지 않는 제이펍 출판사의 장성두 대표님과 편집자 이주원 님, 그리고 언제나 꼼꼼하게 편집해 주시는 디자이너분께 감사의 말씀을 전하고 싶다.

마지막으로, 언제나 바쁜 남편을 응원해 준 아내와 언제나 아빠를 찾는 딸 지민과 지유에게도 이 자리를 빌려 사랑한다는 말을 전한다.

옮긴이 박상욱

머/리/말

이 책은 일본에서 나온 《ネットワーク超入門講座》의 제4판이다. 2008년 4월에 제1판이 발간되고부터 10년이 넘은 기간 동안 아껴주신 분 덕에 7만명 이상의 독자에게 읽힐 수 있었다.

지금의 네트워크는 사회 전체를 지탱하는 중요한 인프라가 되었다. 디지털화가 가속되고, '사람'이나 '물건', '정보'가 이어짐으로써 이후 점점 더 사람들의 생활이나 오락, 학습 방법, 일하는 방법에까지 넓은 범위로 진화해가고 있다.

제4판에서는 제3판의 내용을 현재의 네트워크 환경에 맞도록 수정함과 동시에 새로운 정보를 추가했다. 특히, 기술 변화가 두드러지는 무선 LAN에 대해서는 현재 실무에서 사용되는 내용을 반영하였다.

점점 네트워크 기술이 진화하고 있지만, 한편으로는 변하지 않으면서도 근본적인 중요한 것이 있는데, 그것은 바로 '네트워크의 기본 지식'과 '현장의 실태를 파악하는 능력'이다. 이 책에서는 이러한 근본적인 능력을 키우는 것을 목적으로 하고, 네트워크를 넓은 시야에서 보면서 기초적인 기술에 관해 자세히 설명한다.

이 책의 주 대상 독자는 지금부터 네트워크 업무를 시작하게 될 초보자분이며, 또한 네트워크 엔지니어를 관리하는 분에게도 그 개념을 이해하는 데 도움을 줄 것이다. 이 책의 대상 독자는 다음과 같다.

- 네트워크 업무를 시작했지만 어디서 무엇부터 배워야 좋을지 모르는 분
- 과거에 네트워크 책을 많이 읽었지만 내용이 어려워 포기한 분
- 스위치, 라우터, 보안, IP 전화에서 무선 LAN까지 폭넓게 공부하고 싶은 분
- 네트워크의 각 기술뿐만 아니라, 네트워크 전체와 실무 현장의 상황을 알고 싶은 분
- 깊이 있는 기술까지는 아니더라도 부하나 동료와 대화가 가능한 수준 정도는 되었으면 하는 분

독자의 요청에 응해 필요한 지식이 독자에게 잘 이해가 될 수 있도록 내용과 함께 그림이나 실제 현장의 사진을 실었다.

이 책이 독자 여러분에게 네트워크 업무를 고려해 볼 기회가 되면 좋겠다. 그리고 독자 여러분은 각자가 처한 상황에서 미래의 네트워크 방향을 생각하여 ICT 산업 전체의 발전에 기여할 수 있기를 바란다.

마지막으로 이 책을 집필하고 출판하는 데 있어 도움을 주신 소프트뱅크 크리에이티브 주식회사의 토모야스 켄타 님, 전 대학교수 쿠메하라 사카에 님, 지은이의 기술 기반을 만들어 주신 사키모토 류지 님, 지은이를 항상 격려하고 배려해 주시는 마츠모토 지로 님, 기타무라 타카시 님, 타카하시 케이 님, 스미토모 아키히로 님, 카지와라 히사시 님, Gene 님, 일본 전국의 CCIE 인증자 여러분께 이 자리를 빌려 정말 감사하다는 말을 전한다.

지은이 **미카미 노부오**

베/타/리/더/후/기

※ 3판과 4판의 기본 형태는 거의 유사하여 3판을 베타리딩하신 분들의 후기를
4판에도 그대로 실었음을 밝힙니다.

🦋 강미희(휴인시스템)

기사 시험 등을 위해 네트워크 공부를 할 때면 이해가 어려워 그냥 외우는 것에만 집
중했는데, 이 책에서는 많은 그림과 사진, 쉬운 설명으로 어렵고 복잡해 보이기만 했
던 네트워크에 더 가까이 다가갈 수 있어 좋았습니다.

🦋 김용욱(GDG 코리아 안드로이드)

이 책은 네트워크의 이론적인 부분을 조금씩 설명하며, 네트워크를 구축하기 위해 사
용되는 하드웨어의 구성도와 개별 하드웨어 사진을 상세히 보여주고 있습니다. 소프트
웨어 엔지니어로서 생소한 구성에 대해 그림과 사진을 통해 개괄적인 모습을 알게 되
어 좋았습니다.

🦋 박광수(ITFlow)

인프라 엔지니어로 첫발을 디디며 실무를 차근차근 경험해 보니 네트워크 구축과
DNS 계획이 얼마나 중요한지를 느끼게 되었습니다. 프라이빗 클라우드 운영 중 '같은
서버 랙에 있는 VM들인데 왜 이렇게 통신이 느릴까?' 하는 물음에 대한 원인을 찾다
보니 잘못된 네트워크 구성이 눈에 들어왔던 기억이 납니다. 이 책을 읽으면서 일정 규
모 이상의 네트워크를 어떻게 밑단부터 설계할 것인지에 대한 저자의 구축 노하우가
많은 참고가 되었습니다.

🦋 이도행(이스트소프트)

이 책은 네트워크에 대한 기본적인 내용부터 네트워크 구축 그리고 가상화까지 하나도 빠짐없이 설명해 주는 책입니다. 기업에서 네트워크망을 설계하거나 구축할 때는 물론, 다양한 사례를 곁들여 내용을 풀어가고 있습니다. 신입 시스템 엔지니어나 신입 네트워크 엔지니어에게 강력히 추천합니다.

🦋 이상현(프리랜서)

네트워크에 문외한인 개발자를 고려하여 다가가기 어렵지 않도록 짧은 챕터, 충분한 그림, 상세한 설명으로 구성한 책입니다. 읽으면서 잘못 알게 된 정보도 이번 기회에 새롭게 공부하고, 당연한 듯 사용해 왔던 네트워크가 대단히 많은 기술의 집합이라는 것에 새삼 감사함도 느낍니다.

🦋 이아름

더 쉽게, 더 깊게 시리즈 도서 중 눈길이 많이 가는 책이었는데, 다행히 네트워크 관련 내용을 쉽게 풀어 주었네요. 현재 정보 통신을 전공하고 있거나, 관련 자격증 취득을 위해 공부하는 분께 도움이 될 것입니다.

제이펍은 책에 대한 애정과 기술에 대한 열정이 뜨거운 베타리더의 도움으로
출간되는 모든 IT 전문서에 사전 검증을 시행하고 있습니다.

🖥 이 책에서 다루는 내용

현재 기업 네트워크의 주요 구성 요소를 정리한 것이 아래 그림이다. 이 책에서는 그림과 같이 기업 네트워크를 모델로 하여 네트워크의 전체 구성에서 시작하여 각각의 네트워크 기기에 대해 순서대로 설명한다.

각 장에서 설명하는 내용이 기업 네트워크의 어느 부분에 해당하는지, 이 그림을 보고 확인해 두길 바란다.

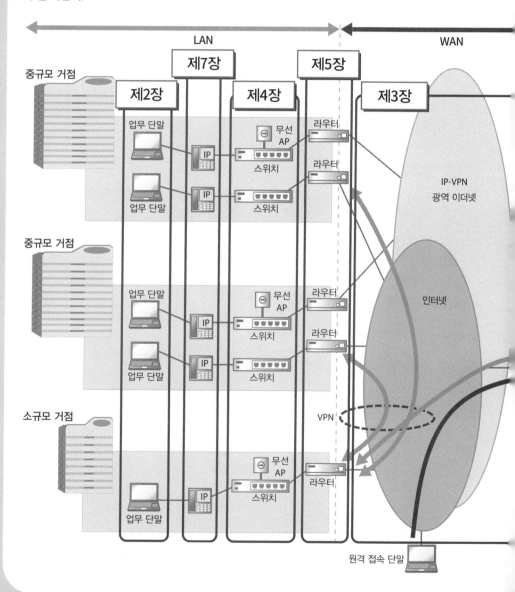

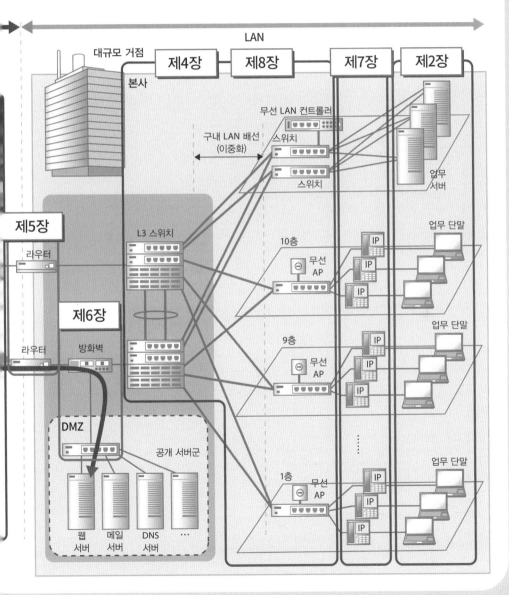

네트워크 전반에 대한 이해

이 장에서는 네트워크의 종류, 형태, 기본적인 구성에 대해 공부한다. 기업 네트워크에 친숙하지 않은 분은 실제로 어떻게 구성되어 있는지 전혀 알 수 없을 것이다. 그래서 먼저 물리적인 관점에서 네트워크 전반 을 이해하는 것부터 시작하겠다.

1-1 누구를 위한 네트워크인가?

이 절에서는 여러 가지 이용 목적과 입장에서 본 네트워크의 종류에 대하여 공부하겠다.

누가 네트워크를 사용하는가?

네트워크는 어떤 입장에 있는 사람이 사용하느냐에 따라 크게 두 가지로 나눌 수 있다. 바로 **일반 사용자용**과 **기업용**이다.

일반 사용자용의 예를 들자면 여러분의 부모님이나 지인을 말한다. 물론, 여러분이 회사나 학교에서 집으로 돌아와 PC를 켜고 네트워크에 '개인'으로 접속하면 일반 사용자가 되는 것이다.

반대로 여러분이 회사에 출근하여 네트워크에 접속하면 '회사원'으로써 사용, 즉 기업용 네트워크 사용자가 된다. 또한, 학생이라면 교내 네트워크(학교용 네트워크)를 사용하는 것이 기업용 네트워크를 사용하는 셈이다.

어디에서 네트워크를 사용하나?

네트워크를 다른 시각에서 살펴보도록 하자. 방금은 '사람'의 시각에서 보았지만 이번에는 '장소'라는 시각에서 바라보자.

네트워크를 사용하는 장소는 대부분 **집**과 **회사**일 것이지만, 그러나 현재는 역이나 학교, 전시장 등에서도 무선 LAN 액세스 포인트가 많아졌다.

이제 네트워크는 기업이나 통신 사업자, 인터넷 서비스 사업자(Internet Service Provider, 이하 ISP)만이 가지고 있는 것이 아니다. 아파트에는 기본 인터넷 설치가 당연해졌고,

과거에는 기업에게만 제공되었던 빠른 브로드밴드 회선도 일반 가정에 제공되고 있다.

▌ 가정용과 기업용의 차이

그럼, 집에서 이용하는 **가정용 네트워크**와 회사에서 이용하는 **기업용 네트워크**의 차이는 무엇일까? 가장 큰 차이점으로는 두 가지가 있다[주1].

- 사용자가 사용하는 애플리케이션 종류
- 네트워크의 물리적 규모

여기서 말하는 **애플리케이션**은 전자우편이나 웹 브라우저처럼 사용자가 이용하는 소프트웨어를 말한다.

가정용 네트워크에서는 네트워크 인프라 부분에 광 회선이나 CATV 등의 액세스 회선을 이용해 인터넷을 사용하는 경우가 대부분이다. 사용하는 애플리케이션은 전자우편이나 웹 브라우저가 많다.

한편, 기업용 네트워크는 네트워크 인프라 부분에 인터넷 회선만이 아닌 사내 전용 내선 전화망이나 IP 네트워크망이 존재한다. 또한, 인터넷 접속 이외에 거점 간 통신도 추가된다. 예를 들어, 서울이나 대전같은 국내도 있겠지만 서울과 뉴욕 간 등 해외와의 통신이 필요한 경우도 있을 것이다. 사용자가 사용하는 애플리케이션은 가정에서 사용하는 애플리케이션은 물론이고 그룹웨어나 사내 포털, 기업 특유의 애플리케이션 등 다양한 것이 존재한다.

이와 같이 가정용과 기업용 네트워크에는 사용되는 애플리케이션이나 그 규모 면에서 커다란 차이가 있다. 그만큼 이용하는 네트워크 기기의 사양도 달라지는데, 기업용 기기에는 그만큼 고성능과 신뢰성이 요구된다. 기기의 가격도 고가이며 보안 측면의 고려가 필요해지는 등의 도입 작업도 복잡하다. 또한, 법인으로서의 사회성도 요구된다.

➡ 여기서 사회성이란, 기업 활동을 통한 공헌을 말한다. 예를 들어, 네트워크를 구축하는 회사라면 '사람과 사람을 안심하고 연결할 수 있는 네트워크 구축' '편리하고 풍족한 사회를 만든다.'라는 것을 나타낸다. 수익을 확보하고 사업을 계속 이어가는 것만이 기업의 목적은 아닌 것이다.

주1 이전에는 이용 회선의 속도도 달랐지만 현재 일반 가정에서도 광 회선이나 CATV를 사용할 수 있어 기업용과 차이가 거의 없어졌다.

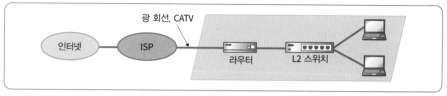

그림 1-1 가정용 네트워크

네트워크 인프라 부분에 광 회선이나 CATV 등의 액세스 회선을 이용하여 인터넷을 사용하는 형태가 대부분이다.
사용되는 애플리케이션은 한정되어 있고 단말도 적다.

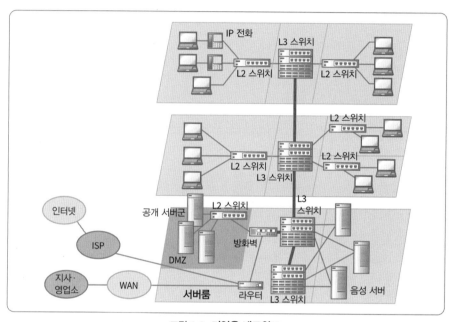

그림 1-2 기업용 네트워크

네트워크 인프라 부분에 인터넷 회선만이 아닌 사내 전용 내선 전화망이나 IP 네트워크망이 존재한다.
또한, 인터넷에 접속하는 것 이외에 거점 간의 통신도 추가된다.

서비스 프로바이더용 네트워크

기업용으로는 여러 가지 네트워크 서비스가 있다. 그것은 **서비스 프로바이더용 네트워크**와 **기업용 네트워크**다. 기업용 네트워크는 **엔터프라이즈용 네트워크**라고도 한다. 두 가지 모두 기억해 두자.

여기서의 서비스 프로바이더용 네트워크는 통신 사업자나 ISP의 네트워크를 말한다. 이를 **통신 캐리어 사업자용 네트워크**라고도 한다. 대표적인 통신 캐리어 사업자로 KT나 SK 텔레콤, LG 유플러스가 있다.

서비스 프로바이더용 네트워크는 네트워크 형태에서 보면 WAN[주2]의 부분이 된다. WAN 회선을 법인 기업용으로 제공하기 위해 네트워크를 구성한다. 대표적인 서비스로 **IP-VPN**이나 **광역 네트워크**가 있다. 구축할 네트워크는 규모가 크고 들어가는 네트워크 기기도 고도의 성능과 높은 신뢰성이 요구된다.

한편 기업용 네트워크의 개요는 지금까지 설명한 것과 같지만, 이것을 세분화하면 업종별로 나눌 수 있는데, 금융업이나 병원, 운수, 건설, 유통 등 많은 종류가 있다. 업종에 따라 네트워크 구성도 달라진다.

예를 들어, 금융업이라면 보안을 고려한 기밀성이 높은 네트워크 구성이 대전제로서 구축될 것이고, 병원이라면 영상 데이터 등의 대용량 데이터를 송신하는 경우가 있을 것이다. 그러므로 대용량 처리를 위한 회선 확보나 음성과 데이터의 우선순위 등을 고려한 네트워크를 만드는 것이 중요한 열쇠가 된다. 이와 같이 업종에 따라 네트워크에 대한 접근 방법이 조금씩 다르다.

이상으로 몇 가지 관점에서 네트워크를 살펴보았다. 그러나 어떤 형태의 네트워크라도 취급하는 기기의 기술 기반은 같다. 즉, 네트워크의 최대 사명인 **사용자로부터 만들어진 데이터를 상대방에게 전달**이라는 기본은 어떤 형태의 네트워크에서든 동일하다. 그러므로 서두르지 말고 네트워크의 기초를 정확히 아는 것부터 시작하도록 하자.

주2　WAN이란, LAN과 LAN을 연결하는 대규모 네트워크다. 7쪽에서 설명하겠다.

정리

이 절에서는 다음과 같은 내용을 공부했다.

- 네트워크는 이용하는 입장에 따라 일반 사용자용과 기업용으로 나누어진다
- 네트워크는 이용하는 장소에 따라 가정용과 기업용으로 나누어진다
- 가정용과 기업용의 차이는 다음의 두 가지가 있다
  - 사용자가 이용하는 애플리케이션의 종류
  - 네트워크의 물리적인 규모
- 서비스 프로바이더용 네트워크는 기업에 통신회선 서비스(WAN)를 제공하기 위해 통신 사업자나 ISP에 의해 구축된다

1-2 네트워크의 형태

이 절에서는 여러 가지 네트워크의 형태에 대해 공부하겠다.

LAN과 WAN

네트워크는 범위에 따라 몇 가지로 구분되며, 보통 다음과 같이 크게 두 가지로 나뉜다.

- LAN
- WAN

LAN(Local Area Network)은 회사 건물 내부나 가정 내부의 비교적 작은 범위의 컴퓨터 네트워크를 말하고, **WAN(Wide Area Network)**은 멀리 떨어진 LAN 간을 이어 주기 위한 것이다. 기업의 본사와 지사를 연결하는 네트워크처럼, 보다 광범위하고 규모가 큰 네트워크를 말한다. KT나 SK 텔레콤 등의 통신 사업자망(광역 이더넷, IP-VPN 등)을 사용하여 구축된 네트워크다.

⇒ 통신 사업자망의 종류에 대해서는 제3장에서 자세히 설명하겠다.

LAN과 WAN의 관계를 나타낸 것이 바로 다음 그림이다.

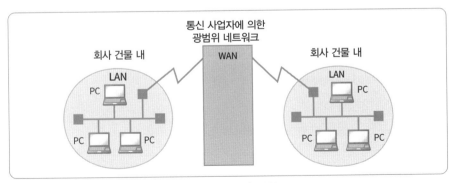

그림 1-3 **LAN과 WAN**

또한, LAN과 WAN의 중간 범위에 위치하는 네트워크로 **MAN(Metropolitan Area Network)**이라는 것이 있다. MAN은 LAN의 범위를 지역 수준까지 확대하여 특정 지역을 담당한다. 도시형 네트워크(CATV 네트워크 등)가 좋은 예다.

🏢 인트라넷(사내 인트라넷)

인트라넷(Intranet)이란, 일반적으로 독립적인 사내 네트워크를 말한다. 인트라넷의 '인트라'는 '내부'라는 의미다. 인터넷 기술을 기업 내 인터넷에 도입하고 정보 공유나 업무 지원에 활용하는 것을 목적으로 구축된 시스템이다.

인트라넷은 실제 현장에서 **사내 인트라넷**이라고 불린다. 이 책에서는 인터넷과 쉽게 구별하기 위해 이후부터는 인트라넷을 사내 인트라넷이라고 하겠다.

> 🔊 **인트라넷이란?**
> * 기업 내에 닫힌 네트워크
> * 일반적으로 인터넷과 구별하기 위해 '사내 인트라넷'이라고 부른다

사내 인트라넷의 범위는 기업 내부이며, 인터넷은 포함하지 않는다. 사내 인트라넷과 인터넷의 경계는 다음 페이지의 그림 1-4와 같다.

그럼, 사내 인트라넷에서는 구체적으로 무엇을 하는가? 대표적인 것들을 몇 가지 살펴보도록 하겠다.

* 인사, 급여 데이터 처리
* 재무, 회계 데이터 처리
* 고객 정보 관리 데이터 처리
* 사내 문서나 사내 정보 등의 파일 보관과 공유
* 사내 포털 사이트 접속
* 회의실 예약, 일정 관리 등의 그룹웨어 관리

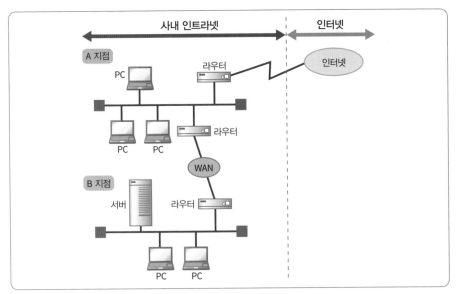

그림 1-4 사내 인트라넷과 인터넷의 경계
점선의 왼쪽이 사내 인트라넷, 오른쪽이 인터넷의 세계

이와 같이 일반적으로 기밀성이 높은 업무 애플리케이션이 사내 인트라넷으로 구성되어 운용된다.

정리

이 절에서는 다음과 같은 내용을 공부했다.

● 네트워크는 범위에 따라 LAN과 WAN으로 나뉜다

● LAN은 회사 건물 내부나 가정 내부 등의 비교적 좁은 범위의 컴퓨터 네트워크다

● WAN은 멀리 떨어진 LAN 간을 서로 이어 주는 통신 사업자망을 사용하여 구축된 네트워크다

● 인트라넷은 인터넷 기술을 이용하여 구축된 기업 내부의 독자적인 네트워크다

1-3 네트워크의 일반적인 구성

이 장에서는 일반적인 대규모, 중규모, 소규모 네트워크 구성에 대해 공부하겠다.

여러분이 네트워크 기초에 대해 쉽게 이해할 수 있도록 여기서는 네트워크의 전체 구성을 파악해 보겠다. '나무를 보고 숲은 보지 못한다.'라는 말이 있듯이 네트워크는 여러 기술들의 집합체이기 때문에 기술 일부분만을 배운다고 해서 이해할 수는 없다. 그러므로 네트워크의 전체 구성을 이해한 후 각각의 기술들을 공부하는 것이 중요하다.

처음부터 전문적인 용어를 사용하지만, 제2장 후부터는 설명이 순서대로 나와 있기 때문에 상세한 내용은 신경 쓰지 말고 구성을 이해하는 데 집중하기 바란다.

이 책에서는 일반적인 기업용 네트워크 구성을 기반으로 기술적인 부분과 네트워크 기기에 대해 분석하며 설명해 가도록 하겠다.

네트워크의 전체 구성

네트워크 구성은 대규모 거점, 중규모 거점, 소규모 거점으로 구분된다.

대규모 거점은 회사에 비유할 경우, 본사와 지사를 생각하면 될 것이다. 대략 다섯 구역 이상으로 한 구역에 200명(또는 200포트[주3]) 이상의 규모를 생각하면 된다. 일반적으로 서울이나 대전, 부산에 본사와 지사를 구성하는 회사가 많다. 이런 경우 일하는 사람이 많아지면 당연히 네트워크 사용자도 많아진다. 또한, 네트워크 기기의 수도 많아지고 네트워크 구성도 복잡해진다.

주3 포트란, PC나 기기를 네트워크에 접속하기 위한 접속 통로다.

중규모 거점은 회사로 말하자면 지점 규모다. 대략 다섯 구역까지로 한 구역에 100~200 명(또는 100~200포트)의 규모를 생각하면 된다. 대구, 울산, 세종, 광주에 대입하면 적절하다.

마지막으로 **소규모 거점**이다. 대략 세 구역 이내로, 하나의 구역에 50~100명(또는 50~100포트)인 규모를 생각하면 된다. 네트워크를 사용하는 사용자도 대규모 거점이나 중규모 거점에 비교해서 적은 편이고, 네트워크 구성도 단순해진다. 지금까지 설명한 도시 이외의 장소를 생각하면 된다.

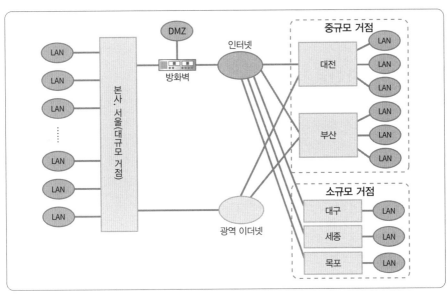

그림 1-5 **이 책에서 가정하는 네트워크 전체 구성**

그러나 지금까지 이야기한 내용은 대부분 단편적인 예다. 예를 들어, 본사 기능과 공장이 목포 지구에 있다면 광주를 중심으로 네트워크가 구성될 수도 있다. 또는 서울과 대전이 중규모 거점이 되거나 목포 지역에 제한된 네트워크가 될 수 있다.

여기서부터는 저자가 일반적인 네트워크로 생각하는 대략적인 구성을 중심으로 설명하겠다. 독자들이 이해하기 쉽도록 소규모 거점에서 시작하여, 중규모, 대규모 순서로 설명한다.

소규모 거점 네트워크

소규모 거점 네트워크에 따른 각 네트워크 기기와 구성 요소의 위치에 대해 설명하겠다.

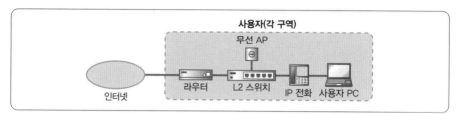

그림 1-6 소규모 거점 네트워크 구성
소규모 거점 네트워크에서는 회선, 라우터, 스위치 등 모두 단독 구성이 일반적이다.

▎ LAN과 사용자 단말

소규모 거점의 구역은 일반적으로 세 구역 이내다. 거기에 따른 네트워크 세그먼트[주4] 자체도 세 개 이내가 된다.

사용자가 작성한 데이터는 **OSI**나 **TCP/IP** 프로토콜의 규칙에 따라 네트워크를 사이에 두고 통신이 이루어진다.

➡ OSI나 TCP/IP 프로토콜 규칙은 제2장에서 구체적으로 공부하겠다.

▎ WAN 회선

소규모 거점에 있어서 WAN 쪽의 회선으로 **인터넷 VPN**을 사용하는 경우가 많다. 가장 큰 이유가 소규모 거점에서는 네트워크를 이용하는 사용자 수가 적기 때문에 안정성보다 비용적인 면을 중시한다.

➡ 인터넷 VPN을 포함한 WAN은 제3장에서 구체적으로 공부하겠다.

주4 여기서 말하는 네트워크 세그먼트는 라우터를 통하지 않고 통신할 수 있는 범위다.

▎스위치

스위치(스위칭 허브)에는 레이어2 스위치(L2 스위치)나 레이어3 스위치(L3 스위치) 등, 여러 가지 종류가 있다. 소규모 거점에서 스위치는 **레이어2 스위치**로 구성되는 경우가 대부분이다. 구역은 한 개 또는 두 개가 태반인데, 그 이유는 단순한 네트워크가 되기 때문이다.

➡ 스위치의 종류나 구조에 대해서는 제4장에서 구체적으로 공부하겠다.

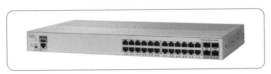

사진 1-1 레이어2 스위치
시스코 시스템즈의 Cisco Catalyst 2960-L 시리즈 스위치
제공: Cisco Systems, Inc.

▎라우터

앞에서 소규모 거점의 WAN 쪽 회선에는 인터넷 VPN을 사용하는 경우가 대부분이라고 설명했다. 때문에 소규모 거점에서는 **라우터**에게 많은 역할이 요구된다.

라우터 본연의 역할은 다른 네트워크 사이를 연결해 주는 것이다. 이 책에서 가정하는 네트워크 전체 구성에서 보면 자사 건물 내, 즉 LAN상에서 생성된 사용자 데이터를 다른 거점으로 전달하는 역할을 담당한다. 또한 소규모 거점의 라우터는 반대쪽 라우터와의 가상 네트워크(VPN)의 경로를 확립하거나, 외부에서 들어오는 부정 패킷에 대한 방파제 역할도 한다. 이처럼 소규모 거점에서의 라우터는 마치 네트워크의 생명선과도 같아서 매우 중요한 역할을 담당한다.

➡ 라우터는 이 외에도 여러 기능을 가지고 있다. 제5장에서 구체적으로 공부해 보겠다.

사진 1-2 소규모 거점 대상 라우터
시스코 시스템즈의 Cisco 890 통합 서비스 라우터
제공: Cisco Systems, Inc.

▌보안(방화벽)

보안을 위한 대표적인 네트워크 기기로 **방화벽**이 있다. 방화벽은 안팎으로부터의 패킷에 대해 통과를 허가/거부하는 역할을 담당한다.

➡ 방화벽에 대해서는 제6장에서 자세히 공부하겠다. 현 시점에서는 도로상의 '검문'이라고 생각해도 좋다.

일반적인 방화벽은 네트워크상에 전용 장비로서 도입된다. 그러나 소규모 거점에서는 라우터의 기능 안에서 작동시키는 경우가 대부분이다. 라우터가 가진 기능 중에는 패킷 필터링 기능이 있는데, 이 기능은 간단한 방화벽과 같은 것으로 소규모 거점이라면 이걸로 충분히 대응할 수 있다.

▌IP 전화

소규모 거점에서는 **IP 전화기**만 설치된다. 원래 소규모 거점용 음성 교환기를 설치할 때는 공간상의 문제가 있었지만, 새로운 음성 네트워크 세계에서는 단말, 즉 IP 전화기만이 설치된다. 그러나 IP 전화기만으로 통화할 수는 없다. 반드시 대규모 거점 등에 음성 서버가 설치되어 있어야 한다.

사진 1-3 IP 전화기
시스코 시스템즈의 Cisco IP Phone 7821
제공: Cisco Systems, Inc.

➡ IP 전화에 대해서는 제7장에서 자세히 설명하겠다.

▌무선 LAN

무선 LAN의 구성 요소는 크게 나눠 무선 LAN 클라이언트, 무선 LAN 액세스 포인트, 무선 LAN 컨트롤러 세 가지다. **무선 LAN 클라이언트**는 무선 LAN 어댑터를 탑재한 사용자 PC다. 이것은 구성의 규모와 상관없이 꼭 필요한 요소다. 소규모 거점에서는 무선 LAN 클라이언트와 무선 LAN 액세스 포인트로 구성된다.

사진 1-4 무선 LAN 액세스 포인트
시스코 시스템즈의 Cisco Aironet 1830
시리즈 액세스 포인트
제공: Cisco Systems, Inc.

➡ 무선 LAN에 대해서는 제8장에서 자세히 설명하겠다.

중규모 거점 네트워크

계속해서 **중규모 거점 네트워크**에서의 각 네트워크 기기 위치를 설명하겠다. 소규모 거점과 중복되는 부분도 있기 때문에 그 차이를 중심으로 설명하겠다.

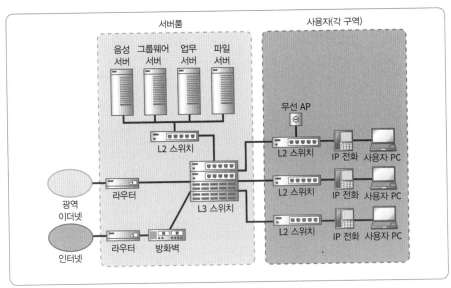

그림 1-7 중규모 거점 네트워크 구성
중규모 거점 네트워크에서는 이중화나 서버룸의 확보 등이 고려된다.

WAN 회선

중규모 거점에서는 네트워크를 사용하는 사용자 수도, 그와 통신하는 상대도 늘어난다. 네트워크에 장애가 발생하면 비즈니스에 영향을 끼친다. 그것을 방지하기 위해 **이중화 구성**을 고려한 네트워크 구성을 해야만 한다. 이중화 구성이란 네트워크의 장애를 고려한 예비용 구성을 말한다.

➡ 자세한 내용은 제3장, 제5장에서 설명하겠다.

스위치

중규모 거점의 구역은 반드시 여러 곳이 존재한다. 구역은 같은 층만이 아닌 상하 층으로 구성되는 경우도 있다. 또한, 전용 서버룸도 존재하기 때문에 그 구성에 따라 네트워크 세그먼트의 수도 많아진다.

운용면에서도 같은 부문에 있는 사용자라도 같은 층에 있다고 한정하지 않고 상하 층으로 자리를 바꾸거나, 프로젝트 조직 구성 등으로 부문 간 이동이 발생하여 네트워크 관리가 점점 더 복잡해진다. 예를 들어, 네트워크 관리자는 평소 건물 9층에 자리하고 있지만 관리할 장치는 2층의 서버룸에 있는 경우도 있다. 또한, 인사 이동이나 조직 개편에 따른 자리 이동이나 이사가 필요할 때, 그때마다 네트워크를 다시 설정한다면 매우 비효율적일 것이며 비용 또한 늘어난다.

이런 환경에서는 네트워크 구성을 유연하게 변경할 수 있는 VLAN 기능을 가진 레이어2 스위치가 필요하다. 그리고 **레이어3 스위치**를 설치하여 다른 네트워크 간 통신이 가능하도록 만든다.

➡ 스위치에 대해서는 VLAN 기능을 포함하여 제4장에서 구체적으로 공부하겠다.

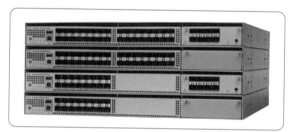

사진 1-5 레이어3 스위치
시스코 시스템즈의 Cisco Catalyst 4500-X 시리즈 액세스 스위치
제공: Cisco Systems, Inc.

▌ 라우터

중규모 거점에 있어서 WAN 회선이 이중화되어 있다는 것은 WAN에 출구도 복수로 존재한다는 뜻이다. 네트워크 구성으로 생각할 수 있는 구성은 다음 두 가지가 있다.

- 하나의 라우터로 복수의 WAN 회선을 보유
- 복수의 라우터로 각각의 WAN 회선을 보유

전자의 방법으로는 WAN 회선 자체의 장애라면 백업 회선으로 통신이 가능하지만, 라우터 자체에 장애가 발생하면 WAN으로의 전체 통신이 불가능하게 된다. 후자는 WAN 회선이나 라우터 자체의 장애가 발생한다고 해도 운용에 아무런 영향을 주지 않고 통신이 가능하다.

그림 1-7에서는 신뢰성이 높은 네트워크 구성인 후자의 '복수의 라우터로 각각의 WAN 회선을 보유'를 전제로 하고 있다.

➡ 라우터에 대해서는 제5장에서 구체적으로 공부하겠다.

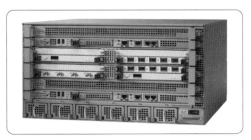

사진 1-6 중규모 거점 대상 라우터
시스코 시스템즈의 Cisco ASR 1600-X 라우터
제공: Cisco Systems, Inc.

대규모 거점 네트워크

마지막으로 **대규모 거점 네트워크**에 있어서의 각 네트워크 기기의 위치를 설명하겠다. 중/소규모 거점과 중복되는 부분도 있기 때문에 그 차이를 중심으로 설명하겠다.

▌LAN과 사용자 단말

대규모 거점의 영역은 중규모 거점보다도 더 많아진다. 물론 전용 서버룸은 존재하지만, 최근에는 **데이터 센터**가 그 기능을 가지는 흔한 일이 되었다. 이에 따라 네트워크 세그먼트도 더 많아지고 사용자가 다루는 애플리케이션도 다양해졌다.

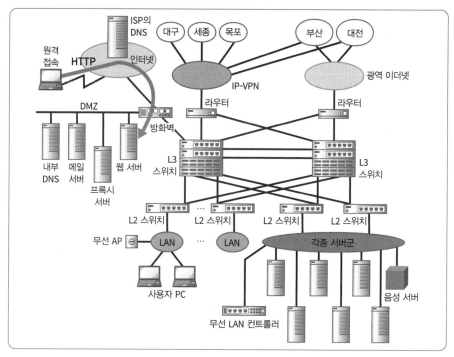

그림 1-8 대규모 거점 네트워크 구성

대규모 거점 네트워크는 모든 거점을 수용한다. 센터국이라고도 한다.

▌스위치

대규모 거점의 영역에서는 라우터만이 아닌 스위치의 이중화도 고려해야 한다. 예를 들어 '스위치와 라우터' 사이에 LAN 배선부터 '스위치와 서버', '스위치와 사용자의 PC', 그리고 '스위치 간'의 부분까지 구성 전체에 대한 고려가 필요하다.

➡ 이런 환경에서 활약하게 되는 스위치의 기능을 포함해 제4장에서 구체적으로 공부하겠다.

사진 1-7 대규모 거점 대상 스위치
시스코 시스템즈의 Cisco Nexus
7700 18 슬롯 스위치
제공: Cisco Systems, Inc.

▌보안(방화벽)

대규모 거점에 있어서 방화벽은 네트워크상에 **전용 기기**로서 도입된다. 소규모 거점에서는 라우터 기능을 사용하는 경우도 많지만, 대규모 거점이나 일부 중규모 거점에서는 그럴 수 없다. 네트워크를 지나가는 프로토콜의 종류도 많고, 외부에서의 많은 부정 패킷에 대응해야 하기 때문이다.

➡ 보안에 대해서는 제6장에서 구체적으로 공부하겠다.

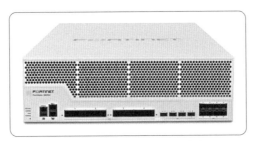

사진 1-8 대규모 거점 대상 방화벽
포티넷의 FortiGate 3800D
제공: 포티넷 재팬 주식회사

▌IP 전화

대규모 거점에서는 IP 전화기는 물론, 음성 서버도 설치된다. 음성 서버에는 크게 나눠 두 종류가 있는데, 하나는 원래의 음성 교환기(PBX)에 IP 기능을 추가한 IP-PBX이며, 또 하나는 SIP 서버다. 음성 서버는 음성 네트워크 전체의 '전화번호와 IP 주소의 대응표'를 일원 관리하거나, IP 전화기 간의 통화 중계를 담당한다.

➡ 네트워크로 음성을 다루는 방법에 대해서는 제7장에서 구체적으로 공부하겠다.

▌무선 LAN

대규모 거점에서는 **무선 LAN 컨트롤러**를 도입하는 것도 일반적이다. 무선 LAN 액세스 포인트의 수가 늘어나 설치 장소 관리나 무선 LAN 액세스 포인트 간의 전파 간섭에 대한 대비책 등의 운용 관리가 복잡해지기 때문이다.

➡ 무선 LAN의 운용 관리에 대해서는 제8장에서 구체적으로 공부하겠다.

사진 1-9 무선 LAN 컨트롤러

시스코 시스템즈의 Cisco 5520 Wireless Controller

제공: Cisco Systems, Inc.

| Column | **현재의 LAN** |

현재의 기업용 네트워크는 기가비트 이더넷으로 1Gbps의 전송 속도가 대부분일 것이다. 기반 부분에는 10Gbps의 전송 속도를 가진 10기가비트 이더넷의 사용이 일반적이다.

무선에 대해서는 최대 300Mbps의 전송 속도를 가진 무선 LAN 규격도 일반적이다. 이전에는 보안상의 이유로 기업 내 네트워크(특히, 금융, 증권)에서 도입하지 않는 경우도 있었지만, 제품 자체의 보안 기능 향상과 가격이 감소하는 장점으로 인해 도입이 진행되고 있다. 앞으로 모든 업종의 네트워크에 도입될 것이다.

정리

이 절에서는 다음과 같은 내용을 공부했다.

● 기업용 네트워크 구성은 대규모 거점, 중규모 거점, 소규모 거점으로 구분된다

● 소규모 거점은 세 구역 이내의 단순한 네트워크로 구성된다

● 중규모 거점은 복수 구역의 이중화 구성을 고려한 네트워크로 구성된다

● 대규모 거점은 여러 구역의 모든 부분에 대한 이중화를 고려한 네트워크로 구성된다

LAN 초보 입문

이 장에서는 LAN의 근본적인 기술인 OSI 기반 참조 모델, 이더넷, IP
주소에 대해 공부한다. 이것은 현재의 TCP/IP를 이용하여 네트워크를
다루는 데 근본이 되는 지식이다. 또한, TCP/IP에 대해서는 너무 깊게
설명하지 않고 이 책을 읽는 데 필요한 지식에 대해서만 설명한다.

2-1 OSI 기본 참조 모델

이 절에서는 컴퓨터 네트워크를 이해하는 데 필요한 OSI 기본 참조 모델에 대해 공부한다.

통신을 위한 대전제

우리 사회에서는 누구와 정보를 주고받을 경우에 지켜야 하는 약속이 있다. 예를 들어, 편지를 보낼 때를 생각해 보자. 우편번호를 쓰고 받는 사람의 주소, 자신의 주소 등을 기입하고 우표를 붙이는 것처럼 법칙이 정해져 있다.

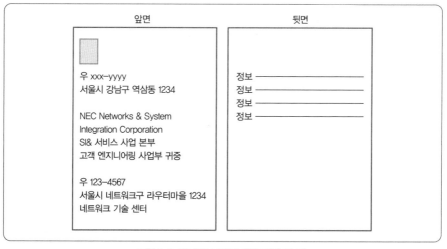

그림 2-1 편지를 보내기 위한 약속의 예

이와 같이 컴퓨터 간의 통신도 공통의 약속이 필요하다. 이 약속을 **프로토콜**이라고 말한다.

➡ 프로토콜이란 단어에는 규약이나 약속이라는 의미가 있다.

컴퓨터 간에 정보 통신을 하는 경우, 필요한 순서나 약속으로 여러 가지 프로토콜이 존재한다. 예를 들자면 **IP**나 **HTTP** 같은 것을 말하는데, 이에 대해 아는 사람도 많을 것이다.

➡ 이 책에서는 각각의 프로토콜의 대한 상세한 설명을 거의 하지 않는다. 독자의 수준에 맞춰 수많은 책들이 나와 있기 때문에 그쪽을 참고하기 바란다.

그림 2-2 **여러 가지 프로토콜**

📢 **프로토콜이란?**
- 컴퓨터 통신에 필요한 약속(공통 순서)을 정한 것
- 필요한 기능에 맞춰 여러 가지 프로토콜이 존재한다

컴퓨터 통신의 프로토콜은 **ISO**(International Organization for Standardization, 국제 표준화 기구)[주1]라는 단체가 추진하는 **OSI**(Open System Interconnection, 개방형 시스템 간 상호 접속)로 설계 방침이 정해져 있다.

OSI에서는 컴퓨터 네트워크의 기본적인 모델을 만들고 있다. 이것이 **OSI 기본 참조 모델**이라고 불리는 것이다. OSI 기본 참조 모델은 여러 다른 제조사의 네트워크 기기 간의 통신이 문제없이 이루어지기 위해 따라야만 하는 **국제 표준**으로, 매우 중요한 역할을 한다.

주1 ISO는 공업이나 과학 기술에 대해서 국제 규격을 규정하기 위해 1947년에 설립된 국제 기관이다.

OSI 기본 참조 모델

OSI 기본 참조 모델은 네트워크 기능을 다음 그림과 같이 일곱 계층에 모델화하고 있는 것이 특징이다. **일곱 계층**의 암기 방법은 각 계층의 앞 글자를 따서 '애, 프, 세, 트, 네, 데, 물'이라고 반복해서 소리 내어 읽으면 된다.

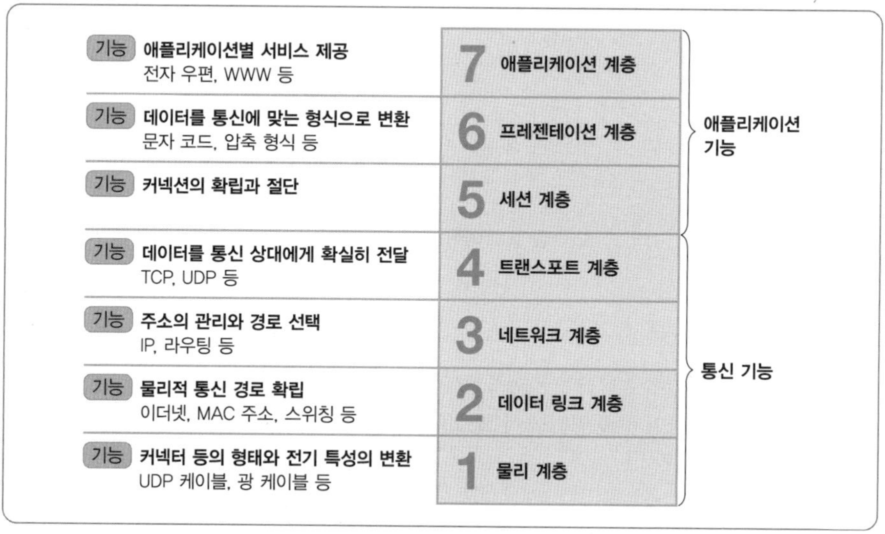

기능	애플리케이션별 서비스 제공 전자 우편, WWW 등	**7**	애플리케이션 계층	애플리케이션 기능
기능	데이터를 통신에 맞는 형식으로 변환 문자 코드, 압축 형식 등	**6**	프레젠테이션 계층	
기능	커넥션의 확립과 절단	**5**	세션 계층	
기능	데이터를 통신 상대에게 확실히 전달 TCP, UDP 등	**4**	트랜스포트 계층	
기능	주소의 관리와 경로 선택 IP, 라우팅 등	**3**	네트워크 계층	통신 기능
기능	물리적 통신 경로 확립 이더넷, MAC 주소, 스위칭 등	**2**	데이터 링크 계층	
기능	커넥터 등의 형태와 전기 특성의 변환 UDP 케이블, 광 케이블 등	**1**	물리 계층	

그림 2-3 **OSI 기본 참조 모델**
제1계층에서 제7계층까지 각각의 역할이 정해져 있다.

▌OSI 기본 참조 모델 각 계층의 역할

OSI 기본 참조 모델 각 계층의 중요 역할을 알아보자. 제1계층~제4계층까지는 **통신 기능**을 실현한다. 이것을 하위 계층이라고 부른다. 제5계층~제7계층까지는 **애플리케이션 기능**을 실현한다. 이것을 상위 계층이라고 부른다.

또한, 여기서 말하는 '계층'을 **레이어(layer)**라고 한다. 예를 들어, 제1계층을 레이어1, 제2계층을 레이어2(더 줄이면 각각 L1, L2)라고도 한다. 이 두 가지 이름을 기억해 두도록 하자.

이렇게 네트워크의 기능을 계층화한 이유는 각 계층의 **독립성**과 **전문성**을 높여 새로운 기술에 유연히 대응하도록 만들기 위해서다. 예를 들어, 유선 LAN(이더넷)을 무선 LAN으로 변경했다고 전자 우편의 설정까지 변경할 필요는 없는데, 이것은 네트워크 안에서 계층이 기능별로 독립되어 있기 때문이다.

더 나아가 레이어2 스위치를 개발하는 경우를 생각해 보자. 그 이름 그대로 OSI 기본 참조 모델의 제2계층의 룰에 따라 개발하면 되기 때문에 기술 영역에 맞춘, 보다 전문성이 높은 기술 개발이 가능해진다. 라우터는 제3계층이다. 라우터도 똑같이 제3계층의 기술 영역에 특화시킨 개발이 가능하다. 개발 기간 단축도 되고 보다 전문적인 기술 개발이 가능하다는 장점이 있다.

또한, 실제 실무에서는 **트러블 슈팅**을 할 때 OSI 기본 참조 모델의 개념이 필요하다. '지금 어느 계층에 장애가 발생했을까?'라는 시점에서 장애 분석을 하기 때문이다. 예를 들어, 다음의 사진 2-1과 같이 19인치 랙에는 많은 네트워크 기기가 탑재되어 있다.

사진 2-1 **랙의 내부**

트러블이 발생하여 랙을 들여다봐도 어디부터 손을 대야 할지 모르겠을 때는 어떻게 해야 좋을까? 실제 실무에서는 OSI 기본 참조 모델의 개념을 사용해 머릿속에 계층 구조화를 시켜두고 트러블을 해결하게 된다.

먼저 레이어1(물리 계층)부터 조사하는 것이 원칙이다. 케이블은 정상적으로 접속되어 있는지? 전원은 들어와 있는지? 등, 물리적인 관점에서 조사한다. 그리고 나서 레이어 2, 레이어3 순으로 상위 레이어를 향해 조사해 나간다. 여기서 레이어1부터 조사하는 이유는 물리적인 부분이 정상이 아닌 경우, 통신 자체가 이루어지지 않기 때문이다. 냉정하게 생각해 보면 당연한 일이다.

일단 네트워크에 트러블이 발생하면 엔지니어든, 영업사원이든, 관리자든 상관없이 네트워크에 관련된 모든 사람이 주인 의식을 가지고 복구 작업에 참여하여 사용자가 네트워크를 정상적으로 이용할 수 있게 노력해야만 한다. 이런 의미에서 생각하면 OSI 기본 참조 모델은 네트워크 관련 일을 하는 그 누구라도 알아 두어야 하는 개념인 것이다.

▌OSI 기본 참조 모델 각 계층의 데이터 단위

실무 엔지니어와 대화를 나눠 보면 '패킷이 전송되지 않는다.'나 '프레임 전송이 되지 않는다.'와 같은 현장의 용어들을 듣게 된다.

하지만 당황할 필요는 없다. 각 계층의 데이터 전송에서 **불리는 이름이 바뀐 것**뿐이다. 그러므로 불리는 이름을 다음과 같이 머릿속에 체계적으로 정리해 두면 좋을 것이다.

- 제4계층 트랜스포트 계층: 세그먼트
- 제3계층 네트워크 계층: 패킷
- 제2계층 데이터 링크 계층: 프레임

패킷이라고 부를 때는 네트워크 계층에서의 통신을 말한다. 또한, **프레임**이라고 부를 때는 데이터 링크 계층에서의 통신이 된다.

정리

이 절에서는 다음과 같은 내용을 공부했다.

● 프로토콜이란 컴퓨터 간에 통신을 하기 위한 공통 순서를 정해 둔 것이다

● OSI 기본 참조 모델은 다른 제조사의 컴퓨터나 시스템을 상호 접속되게 하는 것을 목적으로 제정된 것이다. 일곱 계층으로 나누어 모델화시킨 것이 특징이다

● OSI 기본 참조 모델의 각 계층별로 PDU(제어 정보와 데이터에 따라 구성되는 단위)를 부르는 이름이 달라진다

  • 제4계층 트랜스포트 계층: 세그먼트
  • 제3계층 네트워크 계층: 패킷
  • 제2계층 데이터 링크 계층: 프레임

2-2 LAN

이 절에서는 LAN에 대해서 공부하겠다.

네트워크 전체에서의 LAN의 위치

LAN(Local Area Network)에 대해서는 구체적인 이야기를 하기 전에 먼저 네트워크 전체 구성부터 이해하도록 하자.

소규모 거점 네트워크 그림을 살펴보자. 그림과 같이 라우터 부분이 LAN과 WAN의 **경계**다. 라우터에서 보면 사용자 단말 쪽은 LAN상에 위치하게 된다.

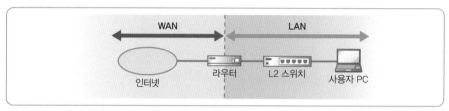

그림 2-4 **LAN과 WAN의 경계**
라우터를 기준으로 왼쪽은 WAN, 오른쪽은 LAN

여기서는 LAN 부분에 초점을 맞춰 공부하게 된다.

LAN의 구성 요소

현재 LAN은 **이더넷(Ethernet)**으로 구성되는 것이 대부분이다. 이더넷은 OSI 기본 참조 모델의 물리 계층(제1계층)과 데이터 링크 계층(제2계층)에 대한 규격이다. 이더넷으로 LAN을 구축하기 위해서는 다음의 하드웨어를 사용한다.

- LAN 카드
- UTP 케이블
- 스위치(허브)

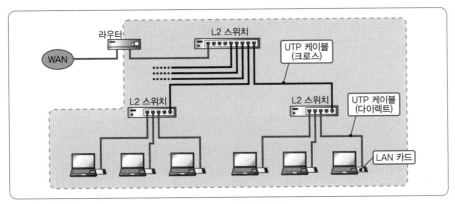

그림 2-5 LAN의 구성 요소

LAN 카드는 요즘의 PC에 탑재되어 있는 경우가 많다. 바로 UTP 케이블을 꽂는(포트) 곳이다. 네트워크와 단말(PC 등)의 경계면(인터페이스)이라는 의미에서, 네트워크 인터페이스 카드(Network Interface Card, NIC)라고도 한다.

UTP(Unshielded Twisted Pair) 케이블은 두 개의 동선을 꼬아 만든 것을 1페어로 4페어의 선을 묶은 케이블이다. 다음 페이지 표에서 알 수 있듯이 이더넷 종류에 따라 사용할 수 있는 케이블에는 다른 점이 있다. UTP 케이블의 양 끝에는 다음 사진과 같이 RJ-45 잭이 붙어 있다[주2]. 한쪽은 LAN 카드에, 다른 한쪽은 스위치에 꽂는다. 여러 대의 단말(PC 등)을 레이어2 스위치에 연결하고, 다시 구역별로 레이어2 스위치로 구성한다.

주2 카테고리7의 UTP 케이블의 맨 끝은 RJ-45(8P8C)와 호환성을 가진 GG45 커넥터 또는 TERA 커넥터다.

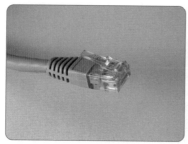

사진 2-2 **UTP 케이블(왼쪽)을 스위치에 접속(오른쪽)**

표 2-1 **이더넷의 종류**

종류	최대 전송 속도	사용 케이블
패스트 이더넷	100Mbps	UTP 케이블(카테고리5), 광 케이블
기가비트 이더넷	1Gbps	UTP 케이블(카테고리5e, 6), 광 케이블
10기가비트 이더넷	10Gbps	UTP 케이블(카테고리6A, 7), 광 케이블

LAN 카드나 네트워크 기기는 읽기 전용 메모리(ROM)를 가지고 있어, 그곳에 고유의 주소가 기록되어 있다. 이 주소를 **MAC 주소**라고 하며, 이더넷의 통신에는 이 MAC 주소가 사용된다.

➡ MAC 주소는 48비트 주소다. 상위 24비트는 제조사별로 할당된 코드를 나타내고, IEEE(The Institute of Electrical and Electronics Engineers)라는 단체를 통해 등록, 관리되고 있다. 하위 24비트는 제조사에서 관리되는 시리얼 번호가 된다.

사용자 PC에서 보면, 이더넷을 통한 레이어2 통신은 라우터까지의 범위 통신을 말한다. 이 라우터까지의 범위를 브로드캐스트 도메인이라고 한다(95, 100쪽에서 자세히 설명한다).

또한, 라우터를 지날 때는 레이어3 통신이 된다. 이더넷에서는 레이어2의 MAC 주소만으로 통신을 했지만, 보다 높은 상위 레이어3은 주소 정보(IP 주소)를 본 후 통신 대상이 결정된다. 이러한 다른 네트워크로 전달되는 통신을 실무에서는 '라우팅'이라고 한다. 기억해 두도록 하자.

라우터를 통과하면 또 레이어2 통신이 되고, 다음 라우터를 통과해야 한다면 또 레이어3 통신이 된다.

▍케이블의 사용 구분

이더넷에서 사용되는 UTP 케이블에는 다이렉트 케이블과 크로스 케이블이 있다.

다이렉트 케이블은 29쪽의 LAN의 구성 요소 그림과 같이 PC 단말과 스위치 간, 또는 스위치와 라우터 간 접속용으로 사용한다.

크로스 케이블은 스위치 간이나 라우터와 PC 단말을 직접 연결할 때 사용한다. 그러나 라우터에 따라서는 스위치 기능이 있는 포트를 가진 것도 있으므로 이런 경우에는 다이렉트 케이블로 연결한다.

➡ 현재는 접속처의 장치가 어떤 것이든 케이블 타입을 가리지 않는 Auto MDI/MDI-X 기능을 갖춘 스위치가 대부분이므로 크로스 케이블을 사용하는 경우는 드물어졌다.

또한, 최근에는 구역과 구역을 잇는 백본(backbone) 부분에 광 케이블을 사용하는 것이 일반적이 되었다.

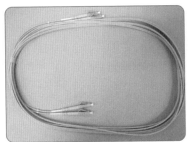

사진 2-3 **광 케이블(왼쪽)을 스위치에 접속(오른쪽)**

> **참고**
>
> 광 케이블은 기가비트 이더넷이나 10기가비트 이더넷의 통신 매체로 많이 사용된다.
>
> 오늘날에는 사용자가 취급하는 데이터도 음성이나 이미지 등 대용량의 데이터가 증가하고 있어 기반 부분의 네트워크에 대용량의 데이터를 처리할 수 있는 빠른 통신 속도가 요구된다.
>
> 이러한 배경으로 먼저 기가비트 이더넷이 탄생했다. 기가비트 이더넷은 패스트 이더넷(100 Mbps)에서 업그레이드되는 형태여서 광 케이블만이 아닌 UTP 케이블로도 이용할 수 있다.
>
> 현재에 이르러서는 거꾸로 100Mbps의 광 케이블도 등장했으며, 갈수록 그 적용 범위가 넓어지고 있다. 보다 빠르게 고속화하기 위해 통신 매체인 케이블로는 광 케이블이 주류를 이루고 있다.

다음은 광 케이블의 사용상 취급 방법과 환경상의 주의점을 정리한 것이다.

광 케이블 취급 방법

- 광 케이블을 고정하는 경우, UTP 케이블과 같이 케이블 타이 등으로 꽉 묶지 말 것
- 광 케이블 위에 물건을 올려 두거나, 밟히지 않도록 잘 정리할 것

환경상의 주의점

- 상대 습도 85% 이하에서 사용. 광 케이블 잭 부분에 물이 닿으면 통신이 안 되므로 주의할 것
- 내열성의 제한으로 섭씨 70도 이상의 온도에서 사용하지 말 것

LAN의 배선

지금은 누구나 당연하게 LAN을 사용하고 있다.

사진 2-4 **사용자 구역**

이와 같이 평소에는 당연하게 LAN을 사용하지만, '실제 LAN 배선은 어떻게 되어 있을까?'라고 의문을 가진 사람도 있을 것이다. 또한, 네트워크와 관련된 일을 하는

사람이라면 LAN의 개념적인 지식뿐만 아니라, 평소 보기 어려운 LAN의 실체에 대해서도 알아 두고 싶을 것이다.

여기서는 두 가지 관점에서 LAN에 대해 설명한다.

- 바닥 배선
- 천장 배선

▌바닥 LAN 배선

앞서 나온 사진 2-4의 사용자 구역 바닥에는 카펫이 깨끗하게 깔려 있다. 그 카펫을 걷어내면 다음 사진과 같이 패널이 설치되어 있다. 이 패널 아래에 케이블이 깔려 있는 것이다. 이것을 **프리 액세스 영역**이라고 한다.

프리 액세스 영역은 바닥에 전력, 통신용 배선 및 공기 정화 장치 등의 기기를 수납하는 마루(이중 마루)로, 바닥 아래에 배선 작업이 쉬운 구조를 지녔다.

사진 2-5 **바닥 패널**
바닥에 깔려있는 카펫을 걷어 내면 조립식 패널이 설치되어 있다.

▌천장 LAN 배선

또 하나의 LAN 배선 방법은 천장 배선이다. 19인치 랙까지 닿을 수 있도록 천장 위에다 배선을 한다.

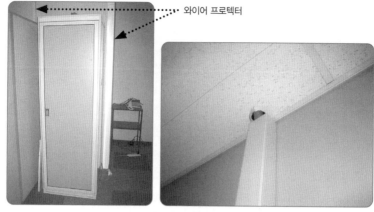

와이어 프로텍터

사진 2-6 천장→랙
19인치 랙의 옆에 하얀 와이어 프로텍터가 보인다(왼쪽).
이것이 천장에 연결되어 있고, 그 안에 케이블이 들어 있다(오른쪽).

일단 천장에서 **와이어 프로텍터**를 따라 바닥 아래를 통해 19인치 랙으로 배선된다. 와이어 프로텍터는 플라스틱 제품으로, 실내에서 벽이나 바닥에 케이블을 깔 때 정리가 쉽고 보기 좋게 하기 위해서 사용된다.

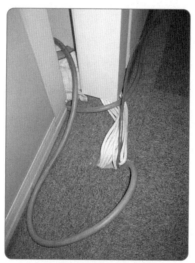

사진 2-7 천장→바닥→랙
케이블이 천장에서 바닥 아래로 들어간다.

중규모에서 대규모 거점이 되면 기반 시스템이나 파일 서버 등의 설비를 전용 서버룸에 설치하는 경우가 많다.

프리 액세스 ·········

이 아래에
케이블이 깔림

사진 2-8 **전용 서버룸**
공조, 전원, 내진 설비가 갖춰진 서버룸

중규모부터 대규모 거점에서는 많은 수의 서버를 사용하고 또한 고속의 처리를 요구한다. 여러분이 평소 보았던 PC 서버와는 다를 것이다. 금액도 수천만~수억 원 단위다.

사진 2-9 **서버(대규모용)**
NEC의 NX7700i/8080H-128.
제공: 일본전기주식회사

정리

이 절에서는 다음과 같은 내용을 공부했다.

- 각 거점에서는 라우터가 LAN과 WAN의 경계가 된다
- 이더넷 통신에는 MAC 주소라는 단말 고유의 주소를 사용한다
- 다른 네트워크 간의 통신을 실무에서는 '라우팅'이라고 한다
- UTP 케이블에는 다이렉트 케이블과 크로스 케이블이 있다
- 다이렉트 케이블은 PC 단말과 스위치 간, 스위치와 라우터 간 접속에 사용한다
- 크로스 케이블은 스위치끼리나 라우터와 PC 단말을 직접 연결할 때 사용한다

2-3 IP 주소

이 절에서는 IP 주소에 대하여 공부한다.

네트워크 기기에 주소 할당

현실에서 여러분의 집으로 우편이나 택배를 보내기 위해서는 집 주소(식별 정보)가 필요하다. 네트워크에서도 데이터를 네트워크 기기나 단말에 보내기 위해 식별 정보(주소)가 필요한데, 그 주소가 바로 **IP 주소**다. 이전 절에서 설명한 MAC 주소가 비교적 좁은 범위의 레이어2 통신에서 사용되는 반면, IP 주소는 라우터를 통한 다른 네트워크와 통신하는 넓은 범위의 통신(레이어3 통신)을 위해 필요하다.

⇒ IP 주소를 시작으로 이 절에서 설명하는 내용은 IETF(Internet Engineering Task Force)라는 조직이 정리한 RFC(Request For Comments)라는 문서에 그 사양이 정해져 있다.

IP 주소[주3]는 TCP/IP의 **IP 프로토콜**로 사용되는 것이며, 사람이 이해하기 쉽도록 **10진수**로 표기되어 있다. 주소의 길이는 **32비트**(4옥텟[주4])다. 여러분 중에서는 가정용 브로드밴드 라우터 등으로 다음과 같은 값을 설정했던 사람도 있을 것이다.

192.168.0.1

이것은 8비트씩 10진수로 표기한 IP 주소다. 여기서, 윈도우즈(Windows. 이하 윈도우즈) 표준 앱의 계산기[주5]를 사용하여 10진의 '192'가 어떻게 2진수로 되는지 확인해 보자.

주3 이하 IP 주소는 IPv4 주소를 가리킨다. 차세대 IPv6 주소에 대해서는 다음 절에서 설명하겠다.

주4 1옥텟 = 8비트 = 1바이트다.

주5 윈도우즈 10에서는 작업 표시줄의 검색 박스에서 '계산기'라고 입력하면 찾을 수 있다.

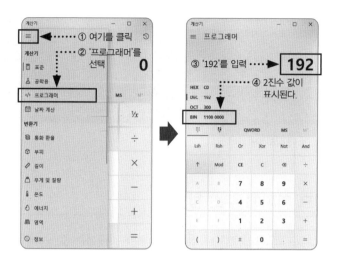

위 그림과 같이 '11000000'이 되었다.

같은 방법으로 10진수의 '168', '0', '1'이 어떻게 2진수로 될지도 확인해 보자[주6]. 그 다음에 2진수의 값을 연결해 본다.

> 11000000 10101000 00000000 00000001

이것이 192.168.0.1을 **2진수**로 표기한 것이다. 방금 '주소의 길이는 32비트'라고 했는데, 0 또는 1(이것을 비트라고 함)이 정확히 32개가 나열된 것을 확인할 수 있을 것이다.

또한, IP 주소는 32비트 하나로 구성된 것이 아니고 **네트워크 주소 부분**과 **호스트 주소 부분**으로 나뉜다. 집 주소를 예로 들면 네트워크 주소는 지역(예를 들어 서울시)을, 호스트 주소는 각각의 집(번지)을 나타낸다. 결국, '어느 지역(네트워크)의 어느 집(호스트)인 가'라는 정보다. 이것은 2진수로 보면 더 잘 알 수 있다.

> <u>11000000 10101000 00000000</u> 00000001

주6 실제로 계산기에서 해보면 10진수의 '0'과 '1'은 2진수에서는 '0'과 '0001'로 표시되지만, 8비트가 되도록 '0'을 채워 넣어 생각하기 바란다. 예를 들어, '0'을 '00000000'으로 생각하면 된다.

192.168.0.1의 경우, 네트워크 주소 부분(밑줄이 두꺼운 쪽)은 24비트, 호스트 주소 부분(밑줄이 얇은 쪽)은 8비트다.

➡ 여기서 네트워크 주소 부분이 10도 20도 아닌 24비트인 것은 192.168.0.1이 클래스 C의 주소이기 때문이다. 다음의 'IP 주소의 클래스'에서 좀 더 자세히 설명하겠다.

그리고 호스트 주소 부분을 전부 0으로 한 것이 네트워크 주소가 된다.

```
11000000 10101000 00000000 00000000
```

이것을 10진수로 표기하면 192.168.0.0이 된다.

이 192.168.0.0이라는 네트워크에서는 호스트(PC 등)에 대해 1~254까지의 254개 주소를 할당할 수 있다. 결국, 192.168.0.1~192.168.0.254까지다. 이 254라는 수는 호스트 주소 부분이 8비트이기 때문에 $2^8 = 256$에서 2를 뺀 것이다. 만약 호스트 주소 부분이 16비트라면 $2^{16} = 65,536$에서 2를 뺀 65,534의 주소가 할당 가능한 주소가 된다.

➡ 하나의 비트가 취할 수 있는 값은 0이나 1 두 가지다. 그것이 8비트이면 2의 8승과 같은 패턴이 된다. 왜 2를 빼는가는 네트워크 주소와 브로드캐스트 주소 두 개를 남겨야만 하기 때문이다. 나중에 '할당할 수 없는 주소'에서 설명하겠다.

🖥 IP 주소의 클래스

IP 주소는 네트워크 주소 부분과 호스트 주소 부분으로 나뉘지만, 그 경계가 고정된 것은 아니다.

IP 주소는 **클래스 A**부터 **클래스 E**까지 다섯 개의 **클래스**로 나눠져 있고, 클래스에 따라 경계가 다르다. 그중에서도 사용자에게 할당되는 주소는 **클래스 A~클래스 C** 범위다. 이어서 그 클래스에 대해 설명하겠다.

▌ 주소 시작이 1~126이면 클래스 A

클래스 A는 맨 앞의 1비트가 '0'으로 시작한다. 상위 8비트가 네트워크 주소 부분이고, 하위 24비트가 호스트 주소 부분이다. 10진수로 표기하면 처음 8비트(1옥텟)가 **1~126** 범위가 된다.

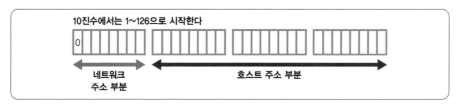

그림 2-6 클래스 A

처음 8비트(1옥텟)가 1~126 범위

▍주소의 시작이 128~191이면 클래스 B

클래스 B는 맨 앞의 2비트가 '**10**'으로 시작한다. 상위 16비트가 네트워크 주소 부분이고, 하위 16비트가 호스트 주소 부분이다. 10진수로 표기하면 처음 8비트(1옥텟)가 **128~191**의 범위가 된다.

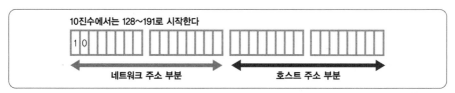

그림 2-7 클래스 B

처음 8비트(1옥텟)가 128~191 범위

▍주소의 시작이 192~223이면 클래스 C

클래스 C는 맨 앞의 3비트가 '**110**'으로 시작한다. 상위 24비트가 네트워크 주소 부분이고, 하위 8비트가 호스트 주소 부분이다. 10진수로 표기하면 처음 8비트(1옥텟)가 **192~223**의 범위가 된다.

그림 2-8 클래스 C

처음 8비트(1옥텟)가 192~223 범위

또한, **클래스 D와 E**에 대해서는 어느 것도 사용자의 주소로 할당할 수 없다. 클래스 D는 **멀티캐스트용** 주소이고, 클래스 E는 **실험용** 주소이기 때문이다.

➡ 멀티캐스트용 주소는 데이터를 미리 정해진 복수의 단말에 대해 송신할 때 사용하는 주소다. 즉, 특정 다수 '통신용'이다.

할당할 수 없는 주소

IP 주소의 약속 중 하나로, 사용자에게 **할당할 수 없는 주소**가 있다. 그것은 다음과 같은 경우다.

- 호스트 주소 부분의 비트가 전부 '0'
- 호스트 주소 부분의 비트가 전부 '1'

그 이유는 호스트 주소 부분의 비트가 전부 '0'인 주소는 네트워크(세그먼트) 그 자체를 나타내는 **네트워크 주소**로 사용되기 때문이다. 예를 들어, 다음과 같은 것들이다.

```
10.0.0.0
172.16.0.0
192.168.1.0
```

또한, 호스트 주소 부분의 비트가 전부 '1'인 것은 **브로드캐스트 주소**로 사용되기 때문이기도 하다. 예를 들면 다음과 같은 것들이다.

```
10.255.255.255
172.16.255.255
192.168.1.255
```

브로드캐스트란, 네트워크 내의 불특정 다수에게 패킷을 동시에 전달하는 것을 말한다. '텔레비전이나 라디오와 같이 모든 곳에 전송된다.'고 기억해 두자.

➡ 브로드캐스트는 통신 상대를 지정할 수 없을 때 사용한다. 실제로 여러 프로토콜이나 애플리케이션을 사용하는 경우에 많이 발생한다.

브로드캐스트의 범위는 다음 그림 2-9상에서는 사용자 단말에서 라우터까지가 그 범위에 해당된다.

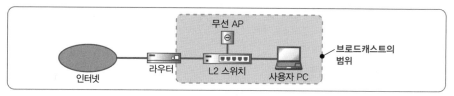

그림 2-9 브로드캐스트 범위(소규모 거점 네트워크 구성)
점선 부분이 브로드캐스트 도메인

다음 그림 2-10상에서는 VLAN으로 구분되어 있는 범위가 해당된다.

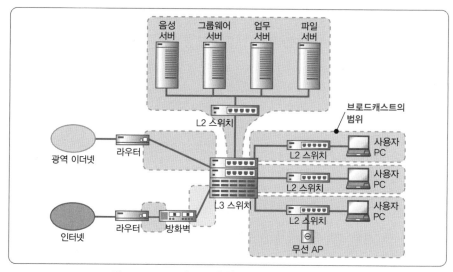

그림 2-10 브로드캐스트 범위(중규모 거점 네트워크 구성)
점선 부분이 브로드캐스트 도메인

특수 용도의 주소

자신의 PC가 네트워크에 연결되지 않았을 때, 무엇을 먼저 확인하는가? 우선, 자신의 주변 환경부터 살펴볼 것이다.

이것도 중요하지만 무엇보다 자신의 PC의 TCP/IP가 활성화되어 있는가가 가장 중요하다.

지금까지 사용자에게 할당할 수 없는 주소를 소개했지만, 마지막으로 하나가 더 있다. 바로 **루프백 주소용**이다. 주소의 시작이 **127**인 것은 루프백(루프백이란, 네트워크상에서 자기 자신을 나타내는 인터페이스 또는 그 주소를 말한다. 일반적인 주소는 127.0.0.1이다. — 옮긴이) 주소용으로 예약되어 있기 때문으로, 일반 사용자에게 주소로 할당할 수 없다.

상대방 주소에 루프백 주소를 지정하면, 자기 자신을 바라보며 통신할 뿐 패킷을 외부에 보내지는 않는다. 어디까지나 자기 자신이 TCP/IP 네트워크 단말로 참가하고 있는지를 확인할 때만 사용한다.

그림 2-11 **루프백 주소 통신**
명령 프롬프트에서 'ping 127.0.0.1'이라고 명령어를 실행

그림과 같이 **ping 명령어**에서 상대방 주소에 루프백 주소(127.0.0.1)를 지정하면, 자신의 PC의 TCP/IP가 활성화되어 있는지 확인할 수 있다. 간단히 장애 원인 파악에 활용할 수 있으므로 기억해 두도록 하자.

서브넷 마스크

지금까지 IP 주소의 클래스에 대하여 설명했는데, 실은 커다란 문제가 있다. 그것은 바로 클래스 구분이 너무 대략적이라는 것이다.

클래스 A라면 네트워크 수는 126이 된다. 호스트 수는 16,777,214(2^{24} – 2)대다. 결국, 단말에 1네트워크당 16,777,214개의 IP 주소를 할당할 수 있는 것이다.

한편, 클래스 C의 경우는 클래스 A와 비교하면 네트워크 수가 많아지지만, 한 네트워크당 할당되는 IP 주소 수가 적어진다.

표 2-2 **클래스별 네트워크 수와 호스트 수**

클래스	네트워크 수	호스트 수(한 네트워크당)
클래스 A	126	16,777,214
클래스 B	16,384	65,534
클래스 C	2,097,152	254

그럼, 실제 운용의 관점에서 이야기해 보자.

예를 들어, 128.1.0.0은 클래스 B의 네트워크 주소다. 그래서 위의 표처럼 65,534개의 IP 주소를 단말에 할당할 수 있다. 하지만 65,534개의 단말을 하나의 네트워크로 관리하는 것은 현실적으로 불가능하다. 클래스 A라면 16,777,214개이므로 더더욱 불가능하다.

여기서 능력을 발휘하는 것이 바로 **서브넷 마스크**라는 개념이다. 서브넷 마스크는 IP 주소와 같이 사용한다. 서브넷 마스크 역할은 IP 주소 클래스의 호스트 주소 부분 중, 몇 비트를 서브넷으로 하는 것이다. 구체적으로는 다음 그림과 같다.

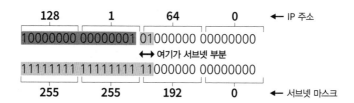

128.1.64.0은 클래스 B의 주소이기 때문에 통상적으로 네트워크 주소 부분이 16비트, 호스트 주소 부분이 16비트다. 그러나 서브넷 마스크를 보면 1이 연속으로 18개가 있다. 그래서 서브넷 마스크의 결합 기술에 의해 네트워크 주소 부분이 16비트, 서브넷 부분이 2비트가 되는 것이다. 그리고 남은 14비트가 호스트 주소 부분이 된다.

➡ 네트워크 주소와 서브넷 마스크를 함께 표기하면 128.1.64.0/18이다.

위의 예와 같이 호스트 주소 부분의 2비트를 서브넷으로 사용하면, 128.1.0.0이라는 하나의 네트워크를 128.1.0.0, 128.1.64.0, 128.1.128.0, 128.1.192.0인 네 개의 서브넷으로 나누어 각각 $16,382(= 2^{14} -2)$개의 단말을 관리할 수 있게 되는 것이다.

➡ 2비트로 나타낼 수 있는 값은 00, 01, 10, 11과 같이 4개이므로 4개의 서브넷을 만들 수 있다. 다만 오래된 라우터 중에는 모두0(00), 모두1(11)의 주소를 서브넷에서 사용할 수 없는 경우도 있다.

이 이야기를 쉽게 이해할 수 있도록 집 주소에 빗대어 생각해 보자. 예를 들어 서울시라는 큰 지역을 더 작은 지역으로 나눈다. 여기서는 강남구와 송파구로 나누어 보겠다. 서울이 네트워크 주소라고 가정하면 강남, 송파는 서브넷 주소가 된다.

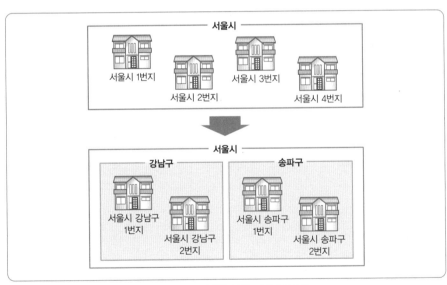

그림 2-12 큰 지역을 작은 지역으로 나눔

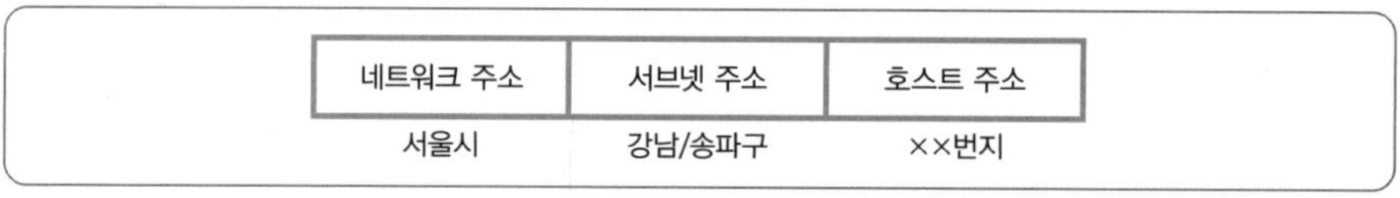

네트워크 주소	서브넷 주소	호스트 주소
서울시	강남/송파구	××번지

그림 2-13 작게 나눈 지역이 서브넷 주소에 해당됨

서브넷 마스크와 서브넷 주소가 어떤 것인지에 대해서 이해했는가? 방금 예제로는 2
비트의 서브넷화를 실시했지만, 서브넷화하는 비트 수에 대해서는 정해지지 않았다.
각 클래스의 기본 호스트 주소 부분을 사용하여 몇 비트든 마스크를 나눌 수 있다.

이처럼 서브넷화함에 따라, 서브 네트워크를 몇 개든 만들 수 있다. 그러나 네트워크
가 늘어나면 하나의 서브 네트워크 아래에 할당할 수 있는 주소의 수는 그만큼 줄어
든다.

다음 표는 서브넷화에 따른 주소 할당에 대한 예다.

표 2-3 서브넷화에 따른 주소 할당 예

제1/제2옥텟	제3옥텟(비트 표시)	제4옥텟(비트 표시)
172.16	0001	0000	
		0001
		0010
		0011
		0100
		0101
		0110
		0111
		1000
		1001
		1010
		1011
		1100
		1101
		1110

본사의 각 부서 서브넷 주소로 사용
172.16.16.0/24~172.16.30.0/24

표 2-3 서브넷화에 따른 주소 할당 예(계속)

제1/제2옥텟	제3옥텟(비트 표시)		제4옥텟(비트 표시)		
172.16	0001	1111	000	지점의 서브넷 주소로 사용 172.16.31.0/27~172.16.31.192/27	
			001		
			010		
			011		
			100		
			101		
			110		
			111	000	본사와 지점 간의 링크에 사용 172.16.31.224/ 30~172.16.31.252/30
				001	
				010	
				011	
				100	
				101	
				110	
				111	

공인 주소와 사설 주소

IP 주소에는 **공인 주소**와 **사설 주소**가 있다.

공인 주소는 전 세계 어디서도 중복되지 않도록 **IANA(Internet Assigned Numbers Authority)**라는 단체가 관리하고 있다. 여러분이 인터넷에 접속할 때는 일반적으로 공인 주소를 사용한다. 한편 조직 내(회사 등)의 폐쇄 네트워크(이후, 로컬 네트워크라고 함), 즉 외부와 접속하지 않는 네트워크는 임의의 주소를 사용해도 된다. 로컬 네트워크의 IP 주소 할당에 대해서는 RFC1918[주7]에 '공인 주소로 사용되지 않는 범위 내의 주소를 사용한다.'라는 규정이 정해져 있다. 이것이 바로 사설 주소다.

사설 주소로 사용할 수 있는 주소는 다음과 같다.

주7 http://www.ietf.org/rfc/rfc1918.txt에 공개되어 있다.

표 2-4 **사설 주소**

클래스	범위
클래스 A	10.0.0.0~10.255.255.255
클래스 B	172.16.0.0~172.31.255.255
클래스 C	192.168.0.0~192.168.255.255

그러나 실제 네트워크 환경에서 공인과 사설 주소를 가진 단말을 각각 준비하는 것은
아니다. 사외 통신인가 사내 통신인가에 따라 공인 주소와 사설 주소를 변환하는 기
능을 가진 라우터나 방화벽 등의 네트워크 기기가 **주소 변환**을 시행하게 된다.

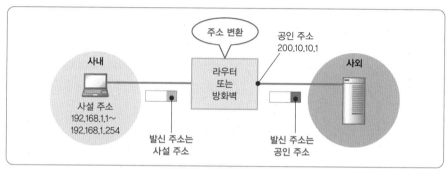

그림 2-14 **주소 변환**
라우터나 방화벽 등의 네트워크 기기가 주소를 변환한다.

소규모 거점의 네트워크 구성도를 보자. 소규모 거점 네트워크에서는 전용 방화벽이
없는 경우가 있다. 이러한 경우에는 대부분 라우터가 라우팅 기능과 함께 주소 변환
역할을 담당한다.

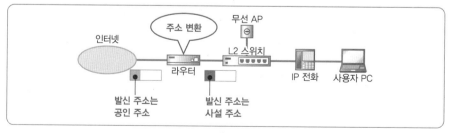

그림 2-15 **주소 변환(소규모 네트워크 구성)**
소규모 거점 네트워크에서는 대부분 라우터가 라우팅 기능과 함께 주소 변환 역할을 담당한다.

한편, 대규모 거점에는 전용 방화벽이 설치된 경우가 많다. 라우터와는 분리된 채 네트워크상에 각각 존재하게 된다.

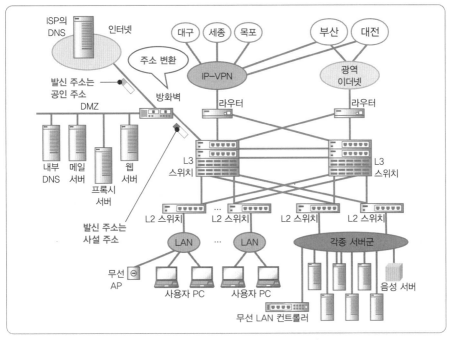

그림 2-16 **주소 변환(대규모 네트워크 구성)**
대규모 거점에는 전용 방화벽이 설치된 경우가 많다. 결국 라우터와 분리된 전용기로 존재한다.

앞 페이지의 대규모 거점 네트워크 구성도처럼 인터넷과 사내 LAN 사이에 방화벽이 있다. 이 방화벽이 주소 변환 역할을 한다.

정리

이 절에서는 다음과 같은 내용을 공부했다.

- IP 주소는 네트워크 기기나 단말을 식별하기 위한 주소다
- IP 주소는 네트워크 주소 부분과 호스트 주소 부분이라는 계층 구조를 가졌다
- IP 주소에서 호스트 주소 부분의 비트가 전부 '0'인 것이 네트워크 주소다

- IP 주소에서 호스트 주소 부분의 비트가 전부 '1'인 것이 브로드캐스트 주소다

- IP 주소는 클래스 A~클래스 E와 같이 다섯 개의 클래스로 나눌 수 있다. 그중에서도 사용자에게 할당할 수 있는 주소는 클래스 A~클래스 C 범위다

- IP 주소의 클래스에 따른 네트워크 수와 호스트 수의 불균형은 서브넷화를 통해 해결할 수 있다

- IP 주소는 조직 외에서 사용하는 공인 주소와 조직 내에서 사용하는 사설 주소로 구분된다

2-4 IPv6

이 절에서는 사물인터넷(Internet of Things, IoT)으로의 보급이 기대되는 IPv6에 대해 공부하겠다.

IPv6의 개요

앞 절에서 IP 주소에 대해 설명했으나 그 설명은 IPv4(Internet Protocol version4)에 대한 설명이었다. 지금은 IPv4의 뒤를 잇는 규격인 **IPv6(Internet Protocol version6)**가 등장했지만, 실제 네트워크에서 사용하고 있는 것은 **아직 IPv4가 대부분**이기 때문이다. IPv6를 네트워크에 도입하여 운용 중인 조직은 매우 드물며, 아직까지는 시험 단계로 도입해 사용하고 있는 것이 현실이다.

그러나 인터넷의 발전으로 인해 IANA가 관리하는 글로벌 IPv4 주소 재고는 2011년에 고갈되고 말았다. 때문에 지금은 IPv4 주소의 신규 조달이 이루어지지 않고 있다.

게다가 '사물인터넷(IoT)'을 시작으로 인터넷의 이용이 확대되어 이후 인터넷을 지탱하는 프로토콜로서 Ipv6에 대한 기대가 나날이 높아지고 있다.

그러므로 지금부터 대비하여 'IPv6에서 이것만은 알아두자.'라는 생각에 중점을 두고 공부해 보겠다.

방대한 수의 주소

앞 절에서 설명했듯이 IPv4 주소는 '0'과 '1'의 2진수로 이루어진 32비트로 구성되어 있다. 그래서 다음의 계산식과 같이 약 43억의 IP 주소가 존재했다.

$$2^{32} = 4,294,967,296$$

43억이라면 꽤 많다고 생각할 수 있지만, 이것도 1991년에 이미 IP 주소의 고갈이 우려됐다.

그래서 이 IP 주소 고갈의 문제에 대처하기 위해, 몇 가지 방법을 생각해 냈다. 그중 하나가 IPv6다. IPv6의 주소 형태는 '0'과 '1'의 2진수로 된 128비트 값이 된다. 주소가 128비트로 구성되어 약 340간(340조×1조×1조)의 주소를 사용할 수 있다. 이 숫자는 거의 무한대이며, 이 정도라면 IP 주소의 고갈은 걱정할 필요가 없다.

$$2^{128} = 340,282,366,920,938,463,463,374,607,431,768,211,456$$

IPv6 주소 표기

IPv6 주소의 길이는 128비트로 IPv4 주소의 네 배다. 이렇게 긴 주소를 어떻게 표기할 것인가? 주소 표기 포인트는 다음과 같다.

- 16비트별로 구분하여 16진수로 적는다
- 구분 문자는 ':(콜론)'이다
- IPv6 주소 중에서 네트워크 주소 부분에 해당하는 부분을 프리픽스라고 부르고 그 길이를 '/'의 뒤에 쓴다

➡ '/128'(주소 전체)은 명시적으로 지정할 필요가 없어 자주 생략된다.

IPv6 주소의 생략 기법

IPv6 주소에는 생략하여 표기하기 위한 규칙이 있다. 이것만은 반드시 기억해 두기 바란다.

- 각 블록의 앞에 연속되는 '0'은 생략 가능
- '0000'은 '0'으로 표현한다
- 연속되는 '0'의 블록은 1회에 한하여 '::'으로 바꿀 수 있다

구체적인 예는 다음과 같다.

2001:1000:0120:0000:0000:0000:1234:0000

⬇ 각 블록 앞의 연속되는 '0'은 생략 가능.
'0000'은 '0'으로 표현한다

2001:1000:120:0:0:0:1234:0

⬇ 연속되는 '0'의 블록은 1회에 한해 '::'으로 바꿀 수 있다

2001:1000:120::1234:0

'::'를 쓸 수 있는 것은 한 번뿐이다. 다음과 같이 두 번 이상 사용해서는 안 된다.

틀림 2001:1000:120::1234:: ✕ ◀······ 이렇게 쓰지 않는다

🖥 정리

이 절에서는 다음과 같은 내용을 공부했다.

● IPv6는 IPv4 주소 고갈 문제를 대처하는 방법 중 하나로, 책정된 IPv4를 잇는 규격이다

● IPv6 주소는 128비트로 구성되어, 약 340간(340조×1조×1조)의 주소를 이용할 수 있다

● IPv6 주소 표기 포인트는 다음과 같다

 · 16비트별로 구분하여 16진수로 쓴다

 · 구분 문자는 ':(콜론)'이다

 · IPv6 주소 중 네트워크 주소 부분에 해당하는 부분을 프리픽스라고 부르고 그 길이를 '/'의 뒤에 쓴다

● IPv6 주소에서는 다음의 생략 표기를 이용할 수 있다

 · 각 블록의 앞에 연속되는 '0'은 생략 가능하다

 · '0000'은 '0'으로 표현한다

 · 연속되는 '0'의 블록은 1회에 한하여 '::'으로 바꿀 수 있다

WAN 초보 입문

떨어진 거점 사이를 네트워크로 접속하기 위해서는 WAN이 필요하다. 사용자가 자신이 구축, 운용하는 LAN과는 달리, WAN은 서비스로 사용하게 된다. 이 장에서는 WAN의 개요와 구성 요소, WAN 회선의 종류에 대해서 공부한다.

3-1 WAN이란?

이 절에서는 WAN의 개요에 대해 공부하겠다.

'외부'와의 접속

기업 사용자가 데이터 통신이나 내선 전화로 통화를 하는 곳은 건물의 내부(LAN)만이 아니다. 서울 본사에 있는 사람이라면 원주 지사에 데이터를 보내는 경우도 있고 대전 지사에 내선 전화를 거는 경우도 있을 것이다.

그러기 위해서는 멀리 떨어진 LAN이나 내선 전화망을 상호 연결하기 위한 구조가 필요하다. 즉, 기업의 본사와 지방의 지사를 연결하는 네트워크가 필요한 것이다. 그 다리 역할을 하는 것이 **WAN(Wide Area Network)**이라는 광범위 대규모 네트워크다.

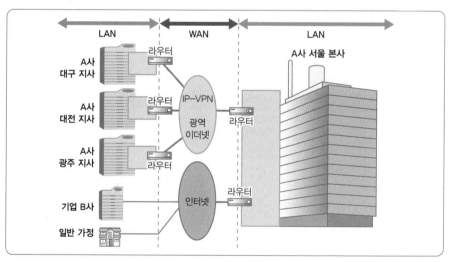

그림 3-1 **WAN의 개요**

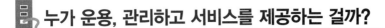

누가 운용, 관리하고 서비스를 제공하는 걸까?

LAN은 기본적으로 사용자가 자비로 구축하고 운용, 관리한다. 구축에서 운용, 관리까지 전부 외주를 주는 경우도 있지만, 주소 관리나 네트워크 기기의 자산 관리 등의 최종 책임은 사용자가 지게 된다. 그럼 WAN은 누가 구축, 운용, 관리하는 걸까?

정답은 국가에 통신 사업자 등록 및 신고를 한 **전기 통신 사업자**다.

전기 통신 사업자의 대표격인 회사로는 KT나 SK 텔레콤, LG 유플러스가 있다. 사용자는 특정 **서비스 요금**을 전기 통신 사업자에게 지불하고 WAN 회선을 사용한다. 전기나 가스, 수도처럼 서비스를 구입하고 WAN을 사용한다고 보면 된다.

네트워크의 연속성을 고려한 WAN 구성

다음의 소규모 거점 네트워크 구성도를 살펴보자.

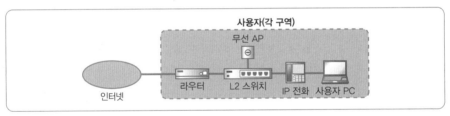

그림 3-2 소규모 거점 네트워크 구성
소규모 거점 네트워크의 WAN에서 들어오는 라우터는 단일 구성

그림 3-2의 WAN 부분에 장애가 발생하면 어떻게 될까? 결과는 상대방과 통신이 전혀 이루어지지 않는다.

소규모 거점이라면 네트워크를 이용하는 사용자가 적어 비즈니스에 많은 영향을 주진 않는다. 최악의 경우, 네트워크는 사용하지 못해도 전화라면 일반 전화(공중망 경유)나 휴대 전화를 사용할 수 있다.

그러나 사용자 수가 100명이나 200명, 1,000명 이상이라면 어떻게 될까? 모든 사용자가 일반 전화를 사용하거나 장거리 전화 또는 휴대 전화를 사용한다면 더욱 불편하고 요금도 발생할 것이다. 또한, 네트워크가 정지되어 있는 시간이 길어지면 전자 우편을 사용할 수 없어 업무용 데이터를 본사에 보내지 못하는 등, 사무실이 큰 혼란을 겪을 것이다.

네트워크의 규모나 사용자가 늘어날수록 비즈니스에 미치는 영향은 커진다. 그래서 네트워크의 연속성을 고려한 WAN 구성이 필요하다. 즉, **이중화 구성**을 하는 것이 이상적이다.

이중화 구성이란, 간단하게 말해서 예비기가 있는 구성이다. 예를 들어, 통상 운용에서 사용하고 있는 회선에 장애가 발생해도 백업 회선을 통해 통신이 가능하며, 사용자에게는 아무런 영향 없이 네트워크 상태를 유지할 수 있는 구성이라고 생각하면 된다.

일반적으로 통상 운용하고 있는 WAN 회선은 **광역 이더넷망**, **IP-VPN망**이 된다. 보안 측면이나 통신의 신뢰성을 고려한 선택이다.

한편, **인터넷 VPN**은 비용 측면에서 장점을 가졌으나 보안 측면과 통신의 안전성에 대해서는 불안 요소가 남아 있다. 때문에 백업 회선으로 배치된 네트워크 관리자도 많다.

➡ WAN 회선의 각종 서비스에 대해서는 70쪽에서 자세히 설명하겠다.

그러나 지금 말한 구성이 반드시 옳은 것은 아니다. 비용에 중점을 둘 것인지 신뢰성이나 안전성에 중점을 둘 것인지는 회사 정책, 즉 네트워크 정책에 따라 결정된다.

이 책에서는 일반적인 네트워크 구성을 예로 들어 10쪽에 소규모 거점에서 대규모 거점까지를 다뤘다. 앞으로는 거기서 다룬 구성을 기반으로 이야기하겠다.

정리

이 절에서는 다음과 같은 내용을 공부했다.

● WAN이란, LAN과 LAN을 연결하는 광범위 대규모 네트워크다

● WAN 회선은 국가에 통신 사업자 등록, 신고를 한 전기 통신 사업자가 구축·관리하고 있다

● 네트워크 규모나 사용자가 늘어나면 네트워크의 연속성을 위해 WAN을 이중화로 구성해야 한다

3-2 WAN에서의 등장인물

이 절에서는 WAN의 구성 요소에 대해서 공부해 보겠다.

'LAN의 다음은 어떻게 되어 있는가?'

'LAN과 LAN을 이어 주는 WAN은 어떻게 되어 있는가?'

라고 독자 여러분은 궁금해 하고 있을 것이다.

LAN은 건물 내부에 네트워크 기기가 있기 때문에 네트워크 관리자라면 구성이 어떻게 되어 있는지 쉽게 알 수 있다. 그러나 WAN은 건물 내부가 아닌 **외부**에 존재하는 네트워크다. 실제로 관리를 하는 사람도 회사 내부 사람이 아닌 외부 통신 사업자다. 또한, 자사뿐만 아니라 타사에서도 해당 설비를 사용하고 있다. 즉, 우리에게는 '보이지 않는 네트워크'라는 것이다.

실제로 통신 사업자별로 WAN 네트워크 구성이 다르지만, 기본적인 구성 요소는 모두 같다. 때문에 독자 여러분이 지금 시점에서 WAN 네트워크 구성의 상세까지 공부할 필요는 없다. 우선은 WAN의 기본적인 흐름과 구성 요소를 파악하는 것부터 시작해 보자.

그럼, 다음 그림 'WAN의 기본 구성'을 중심으로 WAN의 구성 요소에 대해 공부해 보도록 하겠다. WAN의 구성 요소는 크게 나누면 다음 네 가지다.

① 건물 내 장비(액세스 라우터)
② 회선 종단 장치
③ 액세스 회선
④ WAN 중계망

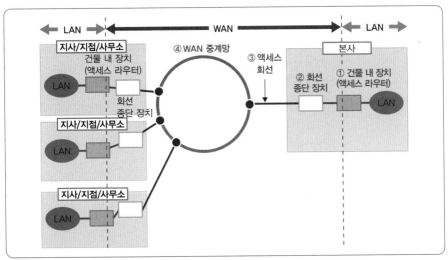

그림 3-3 **WAN의 기본 구성**

WAN으로 연결하기 위한 '건물 내 장치(액세스 라우터)'

건물 내 장치(액세스 라우터)는 WAN에 연결하기 위한 라우터다. LAN과 WAN의 패킷을 전달하는 역할을 담당한다. 또한, 실제 현장에서는 액세스 라우터를 **WAN 라우터**나 **브로드밴드 라우터**라고 부르기도 한다. 이 중에서 WAN 라우터라고 할 때는 광역 이더넷망이나 IP-VPN망의 서비스에 접속하기 위한 액세스 라우터를 가리키는 경우가 대부분이다. 기업용 라우터이기도 하다.

한편, 브로드밴드 라우터라고 할 때는 인터넷에 접속하기 위해 사용하는 액세스 라우터를 가리킨다. 일반 가정용에서 사용하는 액세스 라우터가 바로 이것이다. 그러나 기업용이라도 소규모 거점 네트워크용에서는 별다른 구분 없이 브로드밴드 라우터라고 부르기도 한다. 그 이유는 일반 가정용과 차이가 없는 사양의 제품을 사용하는 경우가 많기 때문이다. 일단 두 가지 이름 모두 기억해 두도록 하자.

실제 현장에서 WAN 라우터든 인터넷에 접속하는 라우터든, 소규모 거점 네트워크라면 대부분 비슷한 장치를 사용하고 있다. 예를 들어, NEC의 UNIVERGE IX 시리즈 라우터가 있다. 이 장치는 광역 이더넷망이나 IP-VPN망의 서비스 접속에도 사용되며, 인터넷용 회선인 광 회선이나 CATV 접속에도 쓰인다. 게다가 ISDN 모듈 탑재도 가능하여 ISDN망을 사용한 백업 회선으로도 사용된다.

사진 3-1 NEC의 UNIVERGE IX 시리즈 라우터

소규모 거점용 라우터는 장치 자체도 작아서 위의 사진 3-1과 같이 랙의 작은 공간에 설치가 가능하다. 그러나 크기가 작아서 설치한 장소를 잘 관리하지 않으면 WAN 회선에 장애가 발생했을 때 중요한 라우터를 찾을 수 없거나, 라우터 교환 작업 시 다른 라우터를 교환해 버리는 경우도 발생한다.

소규모 거점용 라우터는 특히 대수가 많아질수록 랙 안에서 찾기 힘들어지므로, 장치에 이름표를 달아 두는 등 장치 설비 후의 관리도 고려해야만 한다.

Column **WAN에서 사용되는 인터페이스**

예전에는 WAN의 액세스 회선에 ISDN이나 전용선을 사용하는 경우도 많았기에 WAN 쪽에서 사용되는 인터페이스도 다음과 같이 여러 종류가 있다.

- BRI 인터페이스
- PRI 인터페이스
- ATM 인터페이스

BRI나 PRI 인터페이스는 ISDN이나 전용선 서비스를 이용하는 것이다. ATM 인터페이스는 ATM 회선을 이용한 서비스다. 예를 들어, 다음의 사진 3-2를 보자.

사진 3-2 BRI 인터페이스 카드
라우터에 BRI 인터페이스 카드가 장착되어 있다.

위의 사진에서 라우터는 ISDN용의 BRI 인터페이스를 가지고 있다. 기업용 라우터는 접속할 WAN 회선의 인터페이스에 맞춰 탑재할 인터페이스 카드를 선택할 수 있다. 예전에는 여러 인터페이스를 사용할 수 있는 라우터를 팔았다. 그러나 지금은 WAN 액세스 회선으로 광 회선을 사용하는 경우가 대부분이기 때문에 액세스 라우터의 WAN 쪽 인터페이스도 이더넷 인터페이스(UTP나 광 케이블 타입)로 되어 있다.

WAN과 LAN의 전송 방식을 변환하는 '회선 종단 장치'

'어디까지가 WAN이고 어디까지가 LAN일까?'

네트워크에 장애가 발생했을 경우를 위해 **책임 경계**를 명확히하는 것은 매우 중요하다. 어디까지가 통신 사업자가 제공하고 있는 서비스이고, 어디까지가 회사에서 구축한 네트워크인가를 명확히 하기 위함이다. 막상 네트워크에 장애가 발생했을 때, WAN 회선이 문제가 있는 것인지, 아니면 사용자 측 네트워크 기기에 문제가 있는지 원인을 분리할 수 있는 포인트가 되기 때문이다.

덧붙여서 위 질문의 답은 **WAN에서 보면 건물 내 장치(액세스 라우터)의 WAN 쪽 인터페이스까지**가 WAN이다. 건물 내 장치의 WAN 쪽 인터페이스 이후부터 네트워크에 참가해 있는 사용자 단말까지가 LAN이 된다.

➡ 가정용 광 회선으로 말하면 ONU(광 회선 종단 장치)는 WAN에 해당된다.

통신 사업자의 WAN 회선을 사내 네트워크에 연결하기 위해서는 종단 장치가 필요하다. WAN의 전송 방식과 LAN의 전송 방식을 변환시켜야 하기 때문이다. 예를 들어, 통신 사업자가 건물 입구까지 광 케이블로 들어와 있다면 LAN에서 사용하는 UTP 케이블의 전송 방식으로 변환해야 한다. 이 변환을 위해 필요한 장치가 **회선 종단 장치(데이터 회선 종단 장치, Data Circuit terminating Equipment, 이하 DCE)**다.

대표적인 회선 종단 장치에는 다음과 같은 것들이 있다.

- ONU
- 모뎀

- TA
- DSU

최근에 가장 많이 사용하는 것은 **ONU(Optical Network Unit, 광 통신망 유닛)**다. ONU는 전기 신호와 광 신호를 변환하는 장치다.

사진 3-3 **전기 신호와 광 신호를 변환하는 ONU**

그러나 실제 네트워크 현장에 방문하는 사람은 장치를 만지는 엔지니어만이 아니다. 영업사원이나 엔지니어를 관리하는 매니저도 정기적으로 방문한다. 오히려 엔지니어 이외의 사람이 고객에게 인사나 제안 등을 건네는 경우가 있다.

그런 상황에서 '약간의 지식'이 있다면 트러블을 사전에 피할 수 있거나, 고객과 이야기하는 도중에도 잠재적인 요구 사항을 발견할 수 있다. 예를 들어, '공교롭게도 케이블이 ONU에서 빠져 있다.'와 같은 것은 실제 현장에서는 그리 드문 일이 아니다.

또한, 현장 상황을 조금이라도 알고 있다면 기술적인 부분을 모른다 해도 엔지니어와 원활한 대화가 가능하다. 그러므로 지금부터 이야기할 내용은 반드시 '약간의 지식'으로서 기억해 두기 바란다. 분명 실무에서 도움이 될 것이다.

ONU는 다음의 그림과 같이 광 신호와 전기 신호를 변환하는 역할을 담당하고 있다. ONU에서 본 네트워크 구성을 머릿속에 새겨 두기 바란다. 포인트는 세 가지다.

① WAN 쪽의 ONU 포트

② 건물 내 LAN 쪽의 ONU 포트

③ ONU용 라우터 포트(참고)

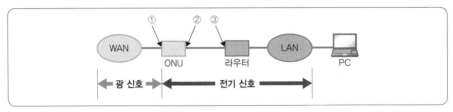

그림 3-4 ONU 접속 개략도

ONU는 양쪽의 케이블을 통해 보내지는 신호를 변환하고 있다. 다음 사진 3-4 'ONU의 옆면'을 살펴보자. 가장 아래의 하얗고 가는 케이블이 **광 케이블**이며, 맨 위의 굵은 오렌지색 케이블이 **UTP 케이블**(이더넷)이다.

광 케이블은 WAN 쪽이다. ONU의 'LINE'이라고 써 있는 포트에 접속되어 있다. 위 그림 3-4의 ① 부분이다.

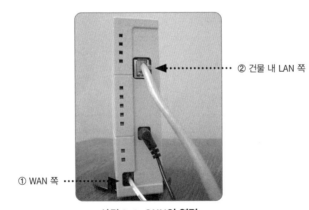

사진 3-4 ONU의 옆면
위의 포트가 LAN 쪽, 중앙은 전원용, 아래의 포트는 광 케이블을 접속

그리고 UTP 케이블은 LAN 쪽이다. 다시 말해, 사용자의 PC나 서버가 있는 네트워크 쪽이다. ONU의 UNI(User Network Interface)라 명기된 구멍에 접속한다. 그림 3-4의 ② 부분이다.

사진 3-5 **ONU의 UNI에 UTP 케이블을 접속**

참고로 그림 3-4의 ②와 반대쪽에 있는 ③은 라우터에 접속하게 된다. 다음의 사진 3-6에서 상단의 포트에 접속되어 있는 것이 ②에서 오는 케이블이다.

사진 3-6 **ONU에 접속한 LAN 케이블을 라우터에 연결**

전기 신호나 광 신호가 어떻게 변환되는가는 지금 시점에서 알 필요는 없다. 여기까지의 내용들을 잘 이해해 둔다면 네트워크 관계자와 원만한 대화가 가능할 것이다.

WAN의 회선 '액세스 회선'

독자 중에는 근무지가 서울이라 집인 안산이나 원주, 인천에서 출근하는 사람도 적지 않을 것이다. 서울의 근무지에 가기 위한 교통 수단은 버스, 자동차 등 몇 가지가 있는데 예를 들어서 전철을 이용한다고 가정해 보자.

전철로 서울 지하철 2호선의 어느 역에 있는 근무지에 가기 위해서는 당연히 2호선을 타야만 한다. 그러기 위해서는 안산에서 출근하는 사람이라면 4호선, 인천 사람이라면 1호선 등을 타고 2호선이 정차하는 역(액세스 포인트)까지 가야만 한다.

반면, 자동차라면 어떨까? 고속도로를 타기 위해 집에서 가까운 고속도로 입구까지 일반 도로를 자동차로 달려야만 한다.

지금까지 이야기한 것과 같이 통신 사업자의 WAN 서비스를 이용하기 위해서는 WAN의 중계국까지 접속하는 회선이 필요하다. 그것이 **액세스 회선**이다.

액세스 회선으로는 전화 회선, 메탈(동선), 광 케이블 등을 사용한 여러 가지 서비스가 통신 사업자로부터 제공되고 있다.

대표적인 액세스 회선

- 광 회선
- 전용선
- CATV(케이블 TV)

실제 인터넷망이나 통신 사업자가 제공하는 각종 WAN 회선 서비스를 이용하기 위해서는 거기까지 연결하기 위한 수단(액세스 회선)이 필요하다는 것이다.

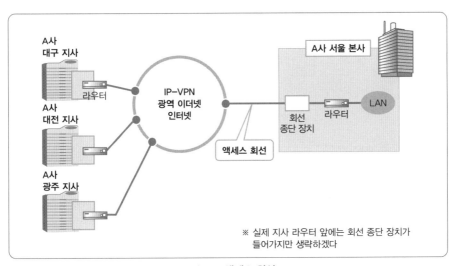

그림 3-5 **액세스 회선**

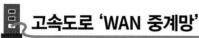# 고속도로 'WAN 중계망'

드디어 WAN 회선의 가장 중요한 부분을 다루게 된다. 사용자의 데이터는 액세스 회선을 통해 각종 WAN 회선 서비스의 액세스 포인트에 도달한다.

앞에서 설명한 이야기에 이어서 도로를 예로 들어 보면, 고속도로 인터체인지(액세스 포인트)에 도착한 것이다. 지금부터 고속도로를 통해 목적지에서 가장 가까운 인터체인지까지 고속도로에서 볼 수 있는 바다, 강, 산을 보면서 그냥 계속 달리는 셈이 된다. 이것이 WAN의 구성 요소로 말하면 **WAN 중계망**이다.

자동차(데이터)가 목적지의 가장 가까운 인터체인지(액세스 포인트)에 도착하면 인터체인지를 나와서 일반 도로(액세스 회선)를 달려 목적지로 향할 뿐인 것이다.

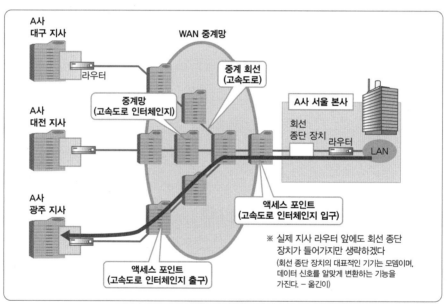

그림 3-6 **WAN 중계망**

🖳 정리

이 절에서는 다음과 같은 내용을 공부했다.

- WAN의 구성 요소는 크게 나누어 다음 네 가지다
    - 건물 내 장치(액세스 라우터)
    - 회선 종단 장치
    - 액세스 회선
    - WAN 중계망
- 건물 내 장치(액세스 라우터)는 WAN에 연결하기 위한 라우터다. LAN과 WAN의 패킷을 전달한다
- 건물 내 장치(액세스 라우터)의 WAN 쪽 인터페이스가 LAN과 WAN과의 책임 경계다
- 회선 종단 장치는 WAN의 전송 방식과 LAN의 전송 방식을 변환한다. 예를 들어, WAN의 광 케이블의 광 신호와 LAN의 UTP 케이블(이더넷)의 전기 신호를 변환한다
- 액세스 회선은 WAN의 서비스를 이용하기 위한 WAN 액세스 포인트까지 연결하는 회선이다
- WAN 중계망은 액세스 포인트 사이를 중계하는 역할을 담당한다

3-3 WAN 회선 서비스

이 절에서는 여러 가지 WAN 회선 서비스의 특징에 대해 공부하겠다.

현재의 기업 네트워크에서 사용되고 있는 WAN 회선의 서비스는 크게 두 가지로 분류할 수 있다.

- 통신 사업자가 제공하는 통신망
- 인터넷망

인터넷망은 기업만이 아닌 일반 사용자도 이용한다. 이 책을 읽는 여러분에게도 매우 친숙할 것이다. 이와 같이 WAN의 큰 그림을 이해하고 WAN 회선에 대한 각각의 서비스에 대해 구체적으로 공부해 보겠다.

통신 사업자가 제공하는 통신망

통신 사업자(캐리어)가 구축하고, 그 통신 사업자에게만 공개되어 있는 폐쇄망이다. 다거점 간 통신에 적합하다.

대표적인 것으로는 **IP-VPN망**이나 **광역 이더넷망**이 있다. 각 통신 사업자가 서비스로 제공하며, 각 회사마다 개별 네트워크로 운용된다. 사용자가 복수의 WAN 회선을 이용할 때는 리스크 분산을 위해 다른 통신 사업 회사의 회선도 사용하는 편이 좋을 것이다. 또한, 그렇게 하는 것이 비용 협상 부분에서도 유리하다.

누가 회선을 사용하나?

기업용이다. 일반 사용자가 사용하는 일은 없다. 매월 많은 비용이 발생하기 때문이다.

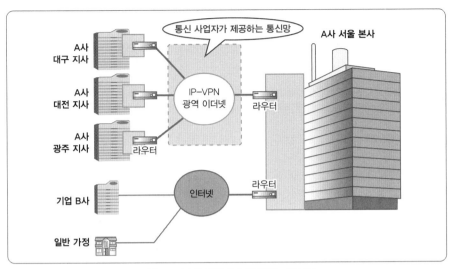

그림 3-7 **통신 사업자가 제공하는 통신망**

┃ IP-VPN망과 인터넷 VPN

자주 IP-VPN망과 인터넷 VPN을 같은 것이라고 착각하는 사람들이 많은데, 아무래도 VPN이라는 단어로 인해 그렇게 인식되는 듯하다.

IP-VPN망은 통신 사업자가 자비로 구축한 **폐쇄 IP망**이다. 즉, 통신 사업자가 설비를 보유하고 그것을 이용하는 기업에게 서비스로 제공한다. 우리가 가스나 수도, 전기를 사용하고 매월 비용을 지불하는 것과 같은 이치다.

용도는 다음 세 가지로 나눌 수 있다.

- 중규모부터 대규모 거점 네트워크에서 이용
- 보안이 중시되는 네트워크에서 이용
- 통신 품질이 요구되는 네트워크에서 이용

실제 현장에서는 기업에 있어서 중요한 트래픽, 예를 들어 기반 업무나 음성 등의 통신은 IP-VPN망을 선택한다.

한편, **인터넷 VPN**은 인터넷상에서 구현된 VPN(Virtual Private Network, 가상 사설 네트워크)이다. 인터넷 VPN은 **인터넷망**에 가상적인 전용선망을 만들어 내는 기술이다. IP-

VPN이나 광역 이더넷 등과 비교하면 저렴한 비용으로 WAN을 구축할 수 있다. 그러나 인터넷 VPN을 구축하기 위해서는 사용자 쪽에서 전용 네트워크 기기(VPN 장치)나 VPN 클라이언트 소프트를 준비해야 한다.

⇒ 일반적으로 소규모 거점에서는 VPN 기능을 가진 라우터가 VPN 장치가 된다. 중/대규모 거점에서는 VPN 전용기가 도입된다. VPN 장치는 사용자 쪽에서 준비하기 때문에 도입 후에도 유지 보수가 필요하다.

실제 현장에서의 용도는 다음 두 가지로 나눌 수 있다.

• 소규모부터 중규모 거점 네트워크에서 이용
• 다점포에서 이용

매우 저렴한 비용으로 운용이 가능하기 때문에 네트워크 품질 부분은 다소 포기하더라도 운용 비용 절감을 원하는 중소기업이 가장 많이 선택하는 것이 바로 인터넷 VPN이다.

또한, 편의점이나 CD, 비디오 대여점 등과 같은 다점포용 네트워크에도 사용한다. 한 점포당 단말기 수는 적지만, 전 점포를 하나의 네트워크로 연결하고 싶다는 요구 사항에 적합하다. 수백, 수천 점포라도 저렴한 비용으로 네트워크 구축이 가능하다.

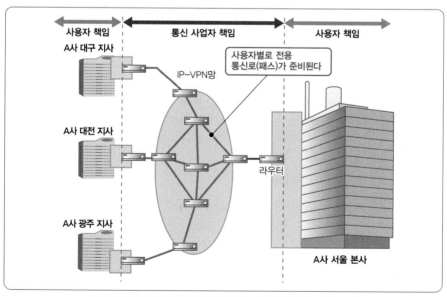

그림 3-8 **IP-VPN망은 통신 사업자가 자비로 구축한 폐쇄 IP망**

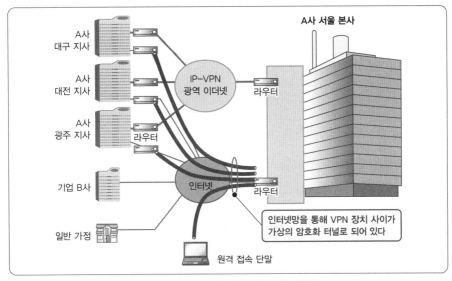

그림 3-9 인터넷 VPN은 인터넷상에서 구현된 VPN

▌광역 이더넷망

거점 사이는 각 네트워크로 연결되어 있지만, 마치 하나의 LAN처럼 네트워크를 구성할 수 있는 것이 **광역 이더넷망**이다.

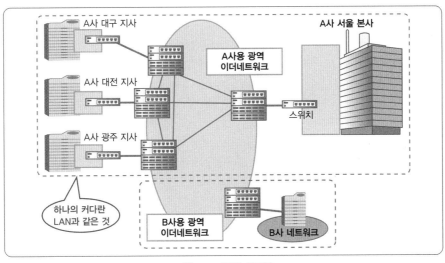

그림 3-10 광역 이더넷

광역 이더넷망은 지금까지 설명한 IP-VPN망이나 인터넷 VPN과 비교하면 다음과 같은 장점이 있다.

- **IP상의 다양한 라우팅 프로토콜을 설정 가능**
  IP-VPN에서는 스태틱 라우팅이 BGP로 한정된다.

단점으로는 다음과 같은 것이 있다.

- **라우팅 정보 관리 등 운용면에서 복잡해짐**
  WAN 라우터의 라우팅 설정 등 고도의 지식이 필요하다.

이와 같이 광역 이더넷망은 시스템 설계나 운용 등으로 커스터마이징 자유도가 높다. 기업 내 네트워크 책임 관리자가 있거나 거점 수는 많지 않지만, 네트워크의 중요도가 높아 고도의 설정이 필요한 환경에 적합하다. 그래서 고객에게 네트워크를 제안할 때는 IP-VPN망이나 인터넷 VPN과 잘 조합해 내는 등의 기술이 필요하다. 기능 면에서 우수하다고 해서 모든 네트워크를 광역 이더넷망으로 제안하지 않기를 바란다.

Column **프레임 릴레이**

IP-VPN망과 광역 이더넷망이 사용되기 전에는 프레임 릴레이망 서비스가 WAN 서비스로 많이 사용되었다. 여기서 언급할 프레임 릴레이망도 '통신 사업자가 제공하는 통신망' 중 하나다.

프레임 릴레이(Frame Relay) 서비스는 데이터 전송 시 프레임이 잘 전달되지 않았을 경우, 재전송 제어를 생략하여 고속 데이터 전송을 실현한 데이터 교환과 전송 방식이다. 멀티 프로토콜 통신이 가능하여 여러 거점을 보유한 기업 네트워크 구축에 필요한 서비스였다.

이 프레임 릴레이 서비스는 속도가 서로 다른 회선 간에도 통신이 가능한 것이 특징이다. 또 하나의 물리(액세스) 회선으로 복수의 상대 단말과 동시에 통신할 수 있는 프레임 다중 기능을 사용할 수 있으므로 물리 회선을 효과적으로 사용할 수 있다는 것이 큰 장점이다.

그러나 시대가 바뀌고 사용자의 요구도 점차 많아져, 프레임 릴레이로서는 보다 빠른 통신 속도와 더불어 비용도 절감시키고 싶다는 요구를 수용하는 데 한계가 있었다.

프레임 릴레이에도 고속 통신을 구현할 수는 있다. 그러나 프레임 릴레이는 일대일 거점마다 통신 경로를 연결하기 때문에 통신 대상이 증가함에 따라 접속을 추가해야 한다. 즉, 그만큼 비용이 발생하는 것이다.

한편, IP-VPN이나 광역 이더넷은 서비스를 하나의 망으로 인식하기 때문에 통신 경로가 증가하는 데 신경 쓰지 않고 거점을 늘릴 수 있다. 다시 말해 비용 측면에서 장점이 있다.

전용선은 이름 그대로 물리적 전용 회선이다. 예를 들어, A 거점과 B 거점이 있을 때, 그 두 거점 사이만을 묶는 전용 네트워크(포인트 투 포인트 접속)를 구축할 수 있다.

전용선이 기업 네트워크 WAN으로 사용된 것은 프레임 릴레이망이 사용되기 전이다. 사용되기 시작한 후에는 지방으로 가면 갈수록 프레임 릴레이망 서비스를 사용할 수 없는 장소가 존재했기 때문에 그 대신 사용되었다.

현재는 IP-VPN이나 광역 이더넷 서비스가 많이 사용되고, 비용이나 성능 측면에서도 큰 장점이 없어서 전용선만으로 네트워크를 구성하는 기업은 없다. 그러나 한편으로 전용선은 물리적으로 전용 회선이므로 품질과 신뢰성이 가장 높다.

그 때문에 회사 정책으로 보안이 우선시되는 경우에 안성맞춤이다. 전용선을 사용하는 환경은 시대를 따라 같이 변화한 것이다.

인터넷망

마지막으로 **인터넷(The Internet)**에 대해 설명하겠다.

인터넷은 컴퓨터 네트워크를 상호 연결시킨 전세계 규모의 일반 공중 네트워크다. 상용 인터넷이 공개된 후 규모가 폭발적으로 커졌고, 전세계 사용자가 사용하는 거대한 정보 네트워크망으로 성장했다. 지금도 인터넷상의 데이터량은 계속 증가하고 있다.

지금은 공공기관이나 기업을 넘어서 학교나 일반 가정에도 널리 보급되어 생활 정보나 취미에 대한 최신 정보를 실시간으로 얻을 수 있는 환경으로까지 발전했다.

ISP(인터넷 서비스 사업자)는 ISP 간 직접 또는 상호 접속점을 경유하여 인터넷에 접속되어 있다. 이를 통해 사용자가 전 세계의 인터넷상의 정보를 주고받을 수 있게 되는 것이다.

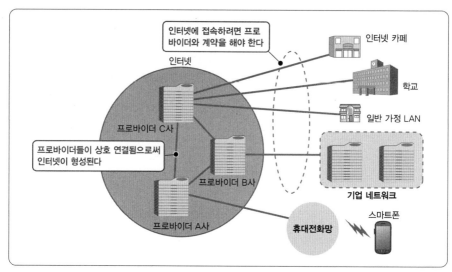

그림 3-11 인터넷의 전체 구성

통신 사업자가 제공하는 통신망과의 비교

인터넷망을 선택하는 가장 큰 이유는 비용이다. 대부분이 비용 절감을 중시하는 경우에 선택한다. 반면에 누구나 공용으로 사용하는 네트워크에 정보가 고스란히 노출되므로 보안이 취약하여 각자가 보안 대책을 세워야 한다. 자기 책임의 서비스다.

자유로운 서비스를 누리되, 책임은 직접 진다. 이는 인터넷망을 만든 미국의 특징이라고도 할 수 있겠다.

누가 회선을 사용하나?

법인과 일반 사용자가 함께 사용한다. 통신 사업자가 제공하는 통신망과 달라, 비용이 싸기 때문이다. 그러나 법인이 이용하는 경우에는 보안을 고려한 후 사용하게 된다.

➡ 자세한 내용은 제5장에서 설명하겠다.

정리

이 절에서는 다음과 같은 내용을 공부했다.

- WAN 서비스는 크게 두 가지로 분류할 수 있다
  - 통신 사업자가 제공하는 통신망
  - 인터넷망
- 통신 사업자가 제공하는 통신망에는 IP-VPN망과 광역 이더넷망이 있다
- IP-VPN망은 통신 사업자가 자비로 구축한 폐쇄 IP망이다. 용도는 다음 세 가지로 나눌 수 있다
  - 중규모~대규모 거점 네트워크에서 이용
  - 보안이 중시되는 네트워크에서 이용
  - 통신 품질이 요구되는 네트워크에서 이용
- 인터넷 VPN은 인터넷상에서 구현된 VPN이다. 용도는 다음 두 가지로 나눌 수 있다
  - 소규모~중규모 거점 네트워크에서 이용
  - 다점포에서 이용
- 광역 이더넷망은 통신 사업자가 자비로 구축한 폐쇄망이다. 거점 사이는 각 네트워크로 연결되어 있지만, 마치 하나의 LAN과 같이 네트워크를 구성할 수 있다. 광역 이더넷망에는 다음과 같은 장점과 단점이 있다
  - IP상의 다양한 라우팅 프로토콜을 설정할 수 있음
  - 라우팅 정보의 관리 등 운용면에서 복잡해짐
- 인터넷망은 사용료가 저렴하다. 대신 보안 측면에서 취약성을 지니고 있으므로, 각자 보안 대책을 세워야 한다

스위치 초보 입문

스위치는 현재의 네트워크를 지탱하는 핵심 장치다. 네트워크 환경은 크게 변화하였고, 그로 인해 스위치는 단순히 데이터를 중계하는 역할에서 벗어나 여러 가지 기능을 제공하게 되었다. 이번 장에서는 스위치의 기본 기능과 종류, VLAN, LAN의 이중화에 대해 공부한다.

CHAPTER 4

4-1 스위치 설명에 들어가기 전에

이 절에서는 네트워크 기기를 대하는 마음가짐에 대해 공부하겠다.

앞으로의 마음가짐

스위치 설명에 앞서, 앞으로의 마음가짐을 독자 여러분과 공유하겠다.

제3장까지는 네트워크의 전반적인 이야기나 WAN에 대한 이야기 등, 사용자가 눈으로 직접 볼 수 없는 내용을 중심으로 설명했다.

여기서부터는 독자 여러분이 실제 보거나 만질 기회가 많다고 생각되는 기업용 네트워크에서 사용하는 **기기**에 대해 공부하도록 하겠다. 장점과 단점을 중심으로 특히, 개념적인 이해도를 높여 여러분이 앞으로 여러 기기를 설정할 때 컨피그레이션 (Configuration, 설정 정보)값이 어떤 것을 의미하고, 어떤 동작을 하며, 네트워크에 어떤 영향을 끼치는지를 현장에서 곧바로 이해할 수 있게 하는 것을 목표로 한다. 구체적으로는 다음 내용을 이해해야만 한다.

- 각 기기의 역할
- 기기의 설정

각 기기의 역할을 이해

네트워크에서 사용하고 있는 **기기의 역할**을 모르면, 그 기기가 왜 필요한지 알 수 없다. 즉, 네트워크 전체에 있어서 해당 기기의 존재 이유를 알아야 한다. 회사원에 비유하자면, '왜 그 부서에 가서 그 일을 하고 있는가?'와 같은 의미다.

더 나아가서는 '앞으로 무엇을 하기 위해 그곳에서 일하는 것인가?'라는 등의 예를 들 수 있다.

▌기기의 설정 이해

각 기기의 역할을 이해했다면 다음은 **기기의 설정**에 대해서 알아야 한다. 설정을 위해 필요한 것이 두 가지 있다. 바로 **설정 방법**과 **컨피그레이션 내용**의 이해다.

① 설정 방법

원래 설계된 컨피그레이션을 기기에 설정하는 방법을 알아야 한다. 설정 방법은 벤더 (판매 대리점이라고도 함)마다 다르다. 경우에 따라서는 벤더가 같더라도 기종별로 설정 방법이 다를 때가 있다. 그런 경우에는 그때마다 해당 매뉴얼을 참고하면서 이해해야 한다. 그렇지만 현재 세계적으로 많이 사용되고 있는 시스코의 **Cisco IOS**와 같은 명령어 인터페이스를 많이 이용한다.

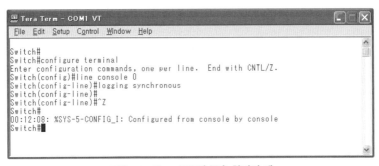

그림 4-1 Cisco IOS의 콘솔 화면의 예

네트워크 기기를 설정하기 위해서는 먼저 PC 단말을 네트워크 기기에 접속시켜야만 한다.

사진 4-1 **콘솔 접속 사진**

이렇게 하여 그림 4-1 Cisco IOS의 콘솔 화면과 같이 명령어로 조작하게 된다.

② 컨피그레이션 내용

컨피그레이션의 설정 내용을 이해하는 것이 중요하다. 설정 방법은 기기별로 다르지만, 설정 내용 자체에 크게 틀린 점은 없다. 설정 내용의 의미, 즉 근본적인 부분은 같다는 것이다.

예를 들어, 독자 여러분이 새로운 스마트폰을 구입했을 때, 신청 서류는 통신 사업자별로 다른 서류를 사용한다. 그러나 기입하는 내용은 이름, 주소, 전화번호 등으로 거의 비슷하다. 전혀 다른 항목명이나 서비스명일지라도 중요한 것은 각 회사가 같은 의미로 사용하고 있을 경우가 많다.

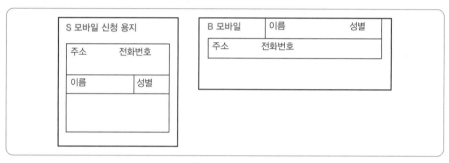

그림 4-2 양식은 달라도 내용은 거의 동일함

네트워크 기기의 경우도 이와 같이 설정해야만 하는 값과 그 의미만 알고 있다면, 해당 기기의 설정 방법에 맞추면 된다.

> **Column** **스위치 고장은 초기 불량이 대부분**
>
> 요즘 스위치는 네트워크 도입 후 특별한 경우를 제외하고서는 잘 고장나지 않는다. 고장이 나더라도 대부분 초기 단계(초기 불량)에서 발생한다. 즉, 새로운 스위치가 입고되어 PC 단말(콘솔 단말이라고도 함)을 연결해 전원이 켜진다면 고장 나는 경우는 별로 없다.

정리

이 절에서는 다음과 같은 내용을 공부했다.

- 각 네트워크 기기에 대해 다음과 같은 것을 이해하는 것이 중요하다
  - 각 기기의 역할
  - 기기의 설정

4-2 리피터 허브와 브릿지

이 절에서는 스위치의 조상인 리피터 허브와 브릿지에 대해 공부한다.

'네트워크의 핵심을 담당하는 기기는 무엇일까?'

네트워크는 여러 기기로 구성되어 있어 정확하게 꼭 집어 이 기기라고 말할 수는 없지만, 굳이 하나를 선택한다면 **스위치**(스위칭 허브)라고 할 수 있겠다.

사진 4-2 스위치
시스코의 Cisco Catalyst 2960-L 시리즈 스위치
제공: Cisco systms, Inc

인터넷이 도입되기 시작한 1990년대까지는 네트워크라고 하면 대부분이 라우터였다. 엄밀히 말하면 라우터를 중심으로 스위치의 시초인 리피터 허브가 그것을 지지하는 역할을 했다고 할 수 있다. 그러나 2000년대 이후, 라우터와 스위치의 네트워크상 중요성은 완전히 바뀌었다고 해도 과언이 아니다.

➡ 실제 현장에서는 리피터 허브를 줄여서 '허브'라고 부를 때가 많다. 또는, 스위칭 허브를 줄여서 '허브'라고 부르는 경우도 있었다. 이 책에서는 스위칭 허브와의 혼란을 피하기 위해 '리피터 허브'라고 표기하겠다.

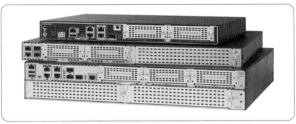

사진 4-3 라우터

시스코 시스템즈의 Cisco 4000 시리즈 서비스 통합형 라우터

제공: Cisco Systems, Inc.

그 이후 기업 네트워크에서는 리피터 허브도 스위치로 바뀌었다. 기업 내부에서 사용하는 스위치 속도도 리피터 허브 시대에는 10Mbps였던 것이, 지금은 1Gbps 속도가 당연해졌다. 스위치 자체의 가격도 저렴해져 리피터 허브라는 단어 자체를 들을 수 없게 되었다.

그렇다면 왜 리피터 허브가 사라진 것일까? 스위치 설명에 들어가기 전, 중요한 부분을 정리해 두도록 하자. 또한, 이 절의 내용은 **OSI 기본 참조 모델 제2계층(데이터 링크)** 이하의 이야기다. IP보다 하위에 있는 전기 신호와 같은 이야기라고 생각하며 읽기 바란다.

CSMA/CD 방식

리피터 허브는 PC나 네트워크 기기 등의 단말에서 LAN 케이블을 한곳에 모아 통신 데이터를 중계하기 위한 기기다. 리피터 허브는 케이블에 데이터를 보내기 위한 규칙(전송로에 액세스 방식)으로 **CSMA/CD 방식**을 채용하고 있었다.

CSMA/CD(Carrier Sense Multiple Access with Collision Detection)란, 다음과 같은 방식이다.

① 항상 귀기울인다 - CS(Carrier Sense)

송신할 데이터를 가진 단말은 다른 단말이 전송로를 사용하고 있는지를 확인한다.

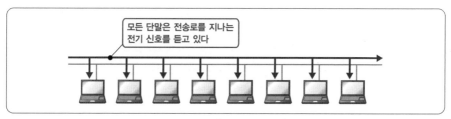

그림 4-3 CS(Carrier Sense)

전송로에 접속된 모든 단말은 항상 전송로상의 모든 신호를 듣고 있어 전송로가 비어 있는지 알 수 있다.

② 누구라도 송신할 수 있다–MA(Multiple Access)

데이터를 송신하고 싶은 단말은 ①의 CS에서 다른 단말이 통신하지 않는 것이 확인되면 언제든 송신할 수 있다.

이때 어떤 특정 단말만이 아닌, 데이터를 송신하고 싶은 모든 단말에 데이터를 송신할 권리가 있다. 이것을 멀티플 액세스(이하 MA)라고 부른다.

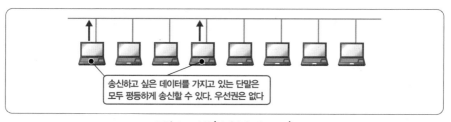

그림 4-4 MA(Multiple Access)

③ 충돌을 검출한다–CD(Collision Detection)

만약 거의 동시에 여러 대의 단말이 액세스를 시작했을 경우, 전송로상에서 데이터의 충돌(**콜리전**)이 발생한다. 이 콜리전이 발생하면 각각의 데이터가 손실되므로 송신 측 단말은 콜리전을 검출하면 정상적인 정보를 다시 보내야만 한다. 이 콜리전을 검출하는 구조를 콜리전 디텍션(이하 CD)이라고 부른다.

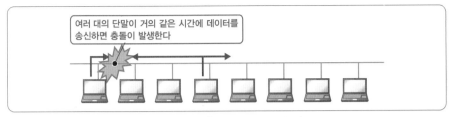

그림 4-5 **CD(Collision Detection)**

콜리전 도메인

CSMA/CD 방식에 있어서 데이터 손실이 발생하는 범위를 **콜리전 도메인**이라고 부른다. 방금 설명한 내용에서 알 수 있듯이 이 콜리전 도메인 안에서는 한 번에 일대일로밖에 통신할 수 없다.

➡ 이더넷의 경우 프레임 한 개(64~1,518바이트)를 송신할 때 전송로를 점유한다.

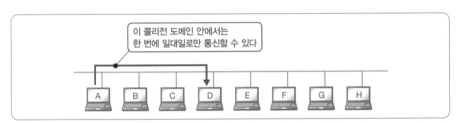

그림 4-6 **콜리전 도메인 내에서 통신할 수 있는 것은 일대일 통신뿐**

예를 들어, 단말 A가 단말 D에게 데이터를 송신하고 있는 동안 다른 모든(단말 D를 포함) 단말은 데이터를 송신할 수 없다.

CSMA/CD 방식은 전송로를 쟁탈하는 방식으로 상대가 적으면 적을수록 송신하기 쉬워진다. 옛날에는 LAN상에 많은 단말이 없었기에 CSMA/CD 방식도 제대로 기능했다.

그러나 2000년대 이후 네트워크 환경이 크게 변화하여 지금은 LAN상에 PC나 프린트, FAX까지 연결된다. 또한, 한 사람 앞에 PC 한 대씩인 환경도 당연해졌다. 사용자가 다루는 데이터 양도 점점 늘어나는 추세며, 동영상이나 고해상도 이미지 등, 애플리케이션도 처리해야 할 것들이 날로 무거워지고 있다.

이와 같은 환경에서는 CSMA/CD에 의한 액세스 제어로는 데이터 충돌이 자주 일어나 더는 사용할 수 없게 된다. 즉, 통신(전기 신호)을 중계할 뿐인 리피터 허브로서는 더이상 현장의 요구 사항을 맞출 수 없게 되었다.

여기서 문제는 '하나의 콜리전 도메인 안에 여러 대의 단말이 존재하고 있다.'라는 것이다. 그렇다면 콜리전 도메인을 작게 나누어서 각각에 포함된 단말을 줄이면 될 것이다. 이것은 리피터 허브 기능에서는 구현이 불가능하나, 스위치와 브릿지라면 구현할수 있다.

콜리전 도메인을 분할할 수 있는 브릿지

콜리전 도메인을 분할하는 네트워크 기기로 스위치 외에 **브릿지**가 있다. 브릿지도 스위치와 마찬가지로 OSI 기본 참조 모델의 데이터 링크 계층에 위치하여 동일한 기능을 제공하는 네트워크 기기다.

콜리전 도메인을 분할하는 열쇠는 브릿지가 가진 **필터링 기능**이다. 여기서 말하는 필터링은 프레임 내의 **MAC 주소(제2계층의 주소 정보)**를 평가하여 그 프레임을 브릿지를 넘어중계할 것인지를 판단하는 기능을 말한다. 이것이 네트워크 간의 불필요한 데이터 송신을 억제하고, 결과적으로는 콜리전 발생을 방지할 수 있는 것이다.

⇒ 리피터 허브는 제2계층의 정보를 보지 않고 제1계층의 신호를 중계하고 있을 뿐이다.

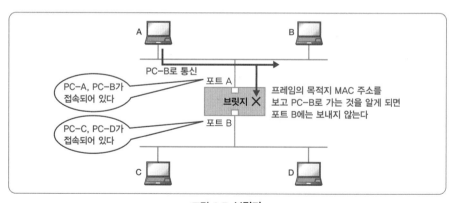

그림 4-7 **브릿지**

▌필터링 기능의 구조

브릿지는 장치 내부에 데이터베이스와 같은 **MAC 주소 테이블**이라는 것을 가지고 있는데, 이것을 참조하여 필터링 처리를 실시한다. MAC 주소 테이블에는 수신된 프레임 안에 송신 측의 MAC 주소와 수신 포트를 연결한 정보를 자동으로 학습한다. 또한, 관리자가 수동으로 MAC 주소와 포트 정보를 등록할 수도 있다.

수신 프레임에 대한 필터링 기능의 역할로는 크게 다음 두 가지가 있다.

- 네트워크를 넘어가지 못하도록 한다
- 트래픽을 정리하고 LAN의 중계 역할을 한다

네트워크를 넘어가지 못하도록 한다

브릿지는 프레임을 수신하면 MAC 주소 테이블을 참조한다. 수신한 프레임 중 목적지 MAC 주소가 그 프레임을 수신한 포트 자체에 연결되어 등록됐을 경우, 그 프레임을 다른 포트에서 송출해도 의미가 없다. 그래서 네트워크를 넘어가지 못하도록 프레임을 파기한다.

트래픽을 정리하고 LAN의 중계 역할을 한다

브릿지는 수신한 프레임 중 목적지 MAC 주소가 수신 포트 이외의 특정 포트에 연결되어 등록됐을 경우, 프레임을 해당 특정 포트에서만 송출한다. 즉, 트래픽(데이터 흐름양)을 정리하고 LAN의 중계 역할을 한다.

정리

이 절에서는 다음과 같은 내용을 공부했다.

- 네트워크 환경의 변화에 따라 CSMA/CD 방식에 의한 데이터의 충돌(콜리전) 문제가 커져 리피터 허브는 사용되지 않게 되었다
- 콜리전 도메인을 분할하는 네트워크 기기로 스위치와 브릿지가 있다
- 콜리전 도메인의 문제는 프레임 안에 목적지 MAC 주소와 브릿지(또는 스위치)가 가진 MAC 주소 테이블을 확인하는 필터링 처리로 해결된다

4-3 먼저 스위치의 기본을 이해하자

이 절에서는 스위치 개요에 대해 공부하겠다.

스위치가 리피터 허브나 브릿지 대신 중요한 역할을 하게 된 이유를 통해 스위치의 기능 개요를 설명한다.

리피터 허브와의 차이

앞 절에서 설명한 내용과 같이 중요한 점은 콜리전 도메인의 차이다.

- 리피터 허브는 장비 자체가 콜리전 도메인
- 브릿지나 스위치는 각 포트가 콜리전 도메인

리피터 허브는 장비 자체가 콜리전 도메인

리피터 허브는 가지고 있는 모든 포트에게 데이터를 보낸다. 즉 **리피터 허브 자체가 콜리전 도메인**인 것이다. 수신한 데이터 신호를 그냥 전달할 뿐이며, 이 허브에 연결한 콜리전 도메인 내에서는 한 번에 일대일 통신밖에 할 수 없다. 매우 비효율적이다.

브릿지나 스위치는 각 포트가 콜리전 도메인

한편, **스위치**는 브릿지와 같이 장치 내부에 MAC 주소 테이블을 가지고 필터링 처리도 가능하다. 콜리전을 피하기 위해서는 중요한 부분이라고 할 수 있다.

프레임은 필터링 기능에 의해 학습된 MAC 주소의 프레임은 특정 포트에만 송신되고, 다른 포트에는 영향을 주지 않는다.

이에 따라, 리피터 허브에서는 구현할 수 없었던 여러 포트 간 통신이 동시에 이루어진다. 다시 말해, 브릿지와 스위치는 **각 포트가 콜리전 도메인**인 것이다.

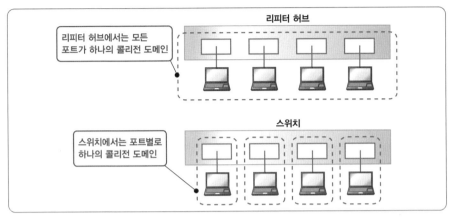

그림 4-8 **콜리전 도메인의 차이**

브릿지에서 스위치로

시대와 함께 OSI 기본 참조 모델의 제2계층에 해당되는 네트워크 기기의 주역은 브릿지에서 스위치로 완전히 바뀌었다. 그 이유는 장치의 큰 **성능 차이**다.

또한 브릿지는 프레임 분석과 전송 처리를 **소프트웨어**에서 하지만, 스위치에서는 **하드웨어**에서 처리한다. 이 부분이 바로 큰 차이다. 브릿지는 PC 등에서 사용되는 CPU 반도체 칩인 범용 마이크로 프로세서로 프레임을 처리한다.

한편, 스위치는 전용 반도체 칩인 **ASIC(Application Specific Integrated Circuit)**로 프레임을 처리한다. 그래서 스위치는 브릿지와 비교해 처리 속도가 빠르다.

네트워크에 접속된 기기가 증가하여 이를 흐르는 데이터가 대용량화된 지금에는 고속 데이터 분석과 전송 처리가 반드시 필요하다. 이제는 스위치가 아니라면 현장의 요구에 맞출 수 없게 되었다.

이것만은 기억하자! 스위치의 포인트

▌스위치는 OSI 기본 참조 모델의 제2계층에 대응되는 중계기

스위치는 **OSI 기본 참조 모델의 제2계층(데이터 링크 계층)**에 대응되는 중계기라고 생각하면
된다.

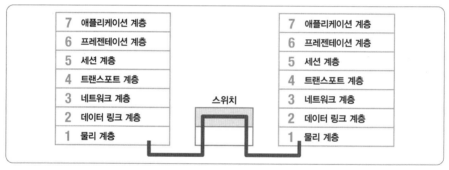

7	애플리케이션 계층
6	프레젠테이션 계층
5	세션 계층
4	트랜스포트 계층
3	네트워크 계층
2	데이터 링크 계층
1	물리 계층

스위치

7	애플리케이션 계층
6	프레젠테이션 계층
5	세션 계층
4	트랜스포트 계층
3	네트워크 계층
2	데이터 링크 계층
1	물리 계층

그림 4-9 **스위치는 데이터 링크 계층에 대응되는 중계기**

스위치는 PC나 네트워크 기기 등의 단말을 수용하고 단말 간의 통신을 중계하는 장
치다. OSI 기본 참조 모델 제2계층 레벨까지 중계 역할을 하므로 **레이어2 스위치**라고도
불리고 있다. 레이어2 스위치는 단말이 송신한 프레임(통신 데이터)을 받으면 그 프레임
에 쓰여 있는 목적지(MAC 주소)를 조사하여 그 목적지가 접속되어 있는 포트에만 프
레임을 전송한다. 이로 인해 네트워크 내부에 불필요한 트래픽이 흐르지 못하도록 하
여 통신 효율을 향상시킨다.

레이어2 스위치는 접속하고 있는 단말의 MAC 주소나 접속 포트 등의 정보를 자동으
로 학습하고 **MAC 주소 테이블**에 저장하여 그 정보를 기반으로 적절한 포트에 프레임을
전송한다.

그로 인해 다음 그림 4-10과 같이 1과 3의 포트가 통신하고 있어도 동시에 2와 6의 포트로도 통신할 수 있는 것이다.

➡️ 또한 각 포트는 전이중으로 통신을 하는데, 전이중이란 송신과 수신이 동시에 이루어지는 것을 말한다. 특히, IP 전화에 접속할 때는 반드시 전이중으로 설정하는 것이 현장에서의 원칙이다. IP 전화에 대해서는 제7장에서 자세히 설명하겠다.

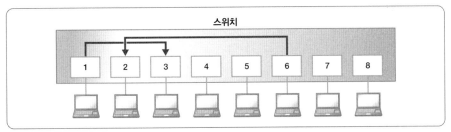

그림 4-10 스위치에서는 동시에 여러 포트끼리 통신할 수 있음
동시에 여러 포트로 통신함으로써 전송 효율이 높은 네트워크를 구현한다.

스위치가 MAC 주소 테이블을 어떻게 이용하는지 나타낸 것이 다음의 그림이다. 단말 A에서 단말 D에 데이터를 송신하는 경우, 스위치는 단말 A에서 수신한 프레임의 목적지 MAC 주소(즉, 단말 D의 MAC 주소)를 MAC 주소 테이블의 정보와 비교한다. 단말 D의 MAC 주소는 4번 포트에 접속되어 있는 MAC 주소와 일치하므로 4번 포트에만 프레임을 전송한다.

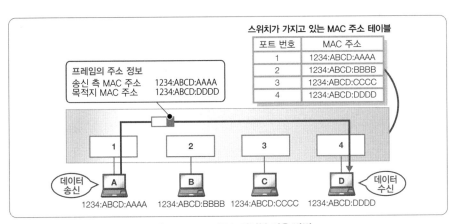

그림 4-11 MAC 주소 테이블 이용 방법
스위치는 수신한 프레임의 목적지 MAC 주소와 MAC 주소 테이블의 정보를 비교하여 처리한다.

▌스위치의 사용 예

스위치는 포트별로 콜리전 도메인을 분할한다. 이것을 이용하면 꽤 효율적인 네트워크를 구상해 볼 수 있다.

예를 들어, 다음 그림 4-12의 네트워크는 리피터 허브로만 구성되어 있다. 이 구성이라면 A, B, C 각 그룹 내에서 대량의 데이터가 오고 갈 때 그룹 A 내에서 통신이 이루어지고 있다면 그룹 B, C는 통신할 수 없다. 이것은 다른 그룹이 통신하고 있을 때도 마찬가지다.

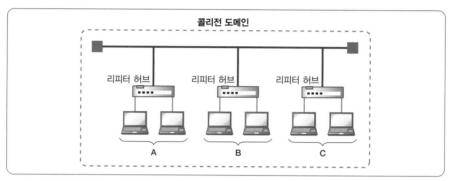

그림 4-12 **리피터 허브로는 비효율적**

그래서 다음 그림 4-13과 같이 스위치를 도입하면 그룹별로 콜리전 도메인이 분할된다. 그룹 A 내에서 통신이 이루어질 때 그룹 B, C 내에서도 통신할 수 있다.

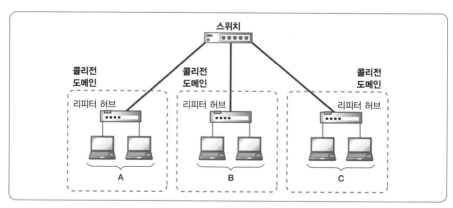

그림 4-13 **스위치로 콜리전 도메인을 분할**

▋ 초기의 스위치는 장치 자체가 브로드캐스트 도메인

레이어2 스위치는 MAC 주소 테이블을 참조하여 프레임의 목적지 포트를 결정하지만, 목적지 MAC 주소가 **브로드캐스트 주소**(모든 단말을 나타내는 주소. FFFF:FFFF:FFFF)로 되어 있는 **브로드캐스트 프레임**에 대해서는 모든 포트로 전송한다. 바꿔 말하면 레이어2 스위치에서는 스위치 전체가 하나의 **브로드캐스트 도메인**(브로드캐스트가 도달하는 범위)으로 되어 있는 것이다.

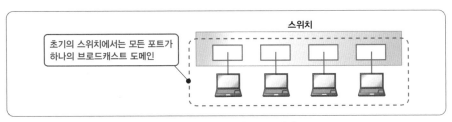

그림 4-14 **브로드캐스트 도메인**

그러나 지금의 네트워크 환경에서는 네트워크별로 존재하는 단말의 수가 증가하는 추세이므로 누구든 상관없이 보내는 브로드캐스트 프레임은 제어하기 힘든 존재다. 브로드캐스트가 전달되는 범위에서 어떻게든 적절히 제한하려는 것이다.

때문에 **VLAN**이라는 기능을 사용함으로써 스위치 하나로도 브로드캐스트 도메인을 여러 개로 분할할 수 있다. 기업용 스위치는 이 VLAN 기능을 갖추고 있다.

⇒ VLAN에 대해서는 다음 절에서 자세히 설명하겠다.

▋ MAC 주소의 학습 프로세스

스위치는 접속하고 있는 단말의 MAC 주소를 자동으로 학습하고 MAC 주소 테이블에 등록한다(네트워크 관리자가 수동으로 등록할 수도 있다).

여기서 그림을 보면서 MAC 주소 학습 프로세스를 확인해 보자. 스위치를 가동한 직후에는 MAC 주소 테이블에 주소가 등록되지 않는다. 때문에 다음 그림 4-15에 나타낸 처리를 반복함으로써 MAC 주소를 학습하게 된다.

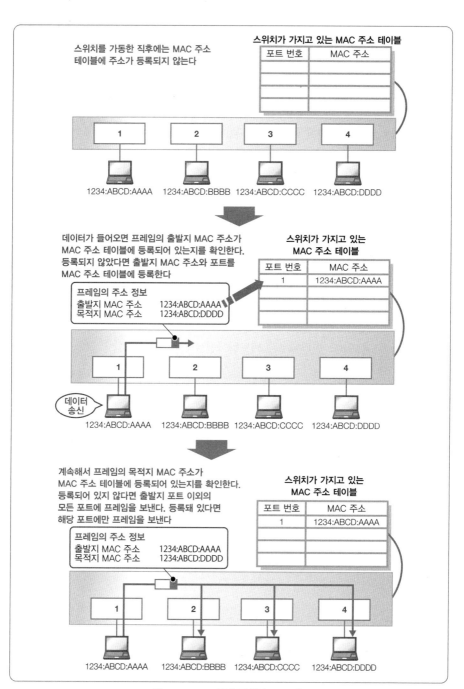

그림 4-15 **MAC 주소의 학습 프로세스**

가정에서 사용되는 스위치

지금까지 기업용 네트워크 시점에서의 스위치에 대해 설명해 왔다. 여기서는 시점을 조금 바꾸어 가정용 LAN에 대해 실제 예를 들어 설명한다.

요즘 신축 아파트에는 LAN 설비가 마련되어 있다. 이런 가정용 LAN은 기업용 LAN과는 달리 저비용으로 구축해야만 한다. 한 가정 내에서 접속하는 PC의 수도 적으며, 사용 방법 또한 전자 우편을 사용하거나 홈페이지를 보는 정도이기 때문이다.

일반적으로 가정 내의 LAN 구성에서는 한 가정에 하나의 집선용 스위치가 존재한다. 집선용 스위치는 대부분 작은 크기에 포트는 8포트 이내로 되어 있다.

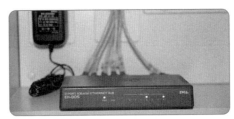

사진 4-4 **가정용 스위치**
그 집선용 스위치에서 각 방으로 케이블이 벽을 통해 연결된다.

사진 4-5 **가정용 배선**
집선용 스위치에서 케이블이 벽을 통해 각 방으로 연결된다.

아파트의 각 방에는 정보 콘센트가 설치되어 있다.

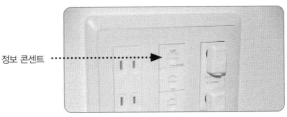

정보 콘센트 ···············▶

사진 4-6 **정보 콘센트**
정보 콘센트는 집선용 스위치 포트로 벽을 통해 연결된다.

정보 콘센트는 벽에 전원 콘센트처럼 포트 구멍이 나 있다고 생각하면 된다.

사진 4-7 정보 콘센트에 UTP 케이블을 접속

사진에서는 정보 콘센트 이외에도 전원이나 아날로그 전화 회선 포트가 있다. 그 LAN 포트에 UTP 케이블을 꽂아 PC에 접속하면 사용자는 가정용 LAN을 사용할 수 있다.

이러한 가정 내 LAN은 이제 우리의 일상 생활과 매우 가까워졌다.

정리

이 절에서는 다음과 같은 내용을 공부했다.

● 리피터 허브는 장치 자체가 콜리전 도메인이지만, 브릿지나 스위치는 각 포트가 콜리전 도메인이다

● 브릿지는 프레임의 분석과 전송 처리를 소프트웨어에서 하지만, 스위치는 하드웨어에서 처리한다. 하드웨어로 처리하기 때문에 고속의 데이터 분석과 전송 처리가 가능하여 지금은 대부분 스위치를 사용하게 되었다

● 스위치는 OSI 기본 참조 모델의 제2계층(데이터 링크 계층)에 대응되는 중계기다. 이것을 레이어2 스위치라고 부른다

● 레이어2 스위치는 MAC 주소 테이블을 참조하여 프레임의 목적지 포트를 결정하지만, 목적지 MAC 주소가 브로드캐스트 주소(FFFF:FFFF:FFFF)로 되어 있는 브로드캐스트 프레임에 대해서는 모든 포트에 전송하게 된다. 단, VLAN 기능이 있다면 이것을 조정할 수 있다

● 스위치는 접속되어 있는 단말의 MAC 주소를 자동으로 학습하고 MAC 주소 테이블에 등록한다. 네트워크 관리자가 수동으로도 등록할 수도 있다

4-4 조직 개편–당신이라면 어떻게 처리할까?(VLAN)

이 절에서는 유연한 네트워크 운용에 필요한 VLAN에 대해 공부하겠다.

여기서부터 설명에 대한 기술적인 레벨이 조금 높아진다. 그래서 먼저 실제 사례를 통해 현장감을 느끼는 것부터 시작해 보자.

실제 사례

A 씨, B 씨, C 씨, D 씨, E 씨는 지금까지 같은 부서였으나 인사 이동으로 인해 세 부서로 흩어졌다. 이동 부서는 다음과 같다.

- A 씨와 E 씨는 총무부
- B 씨는 경리부
- C 씨와 D 씨는 재무부

각자의 현재 자리는 3층이며 이동할 부서는 모두 1층에 있다. 그러나 이동할 장소인 1층의 확장 공사가 아직 끝나지 않아 잠시 동안 원래의 부서(3층)에서 그대로 일하게 되었다. 하지만 인사 발령이 이미 발표된 상황이어서 이동한 부서의 일을 해야만 한다. 이런 경우 중요한 점은 다음 세 가지다.

- 각자 이동할 부서(1층)와 지금의 자리(3층)가 층이 걸쳐져 있다
- 사무실 확장 공사 중인 관계로 바로 이동이 불가능하다(잠시 동안 원래 자리인 3층에서 일을 해야 한다)
- 각 PC는 이동 부서의 네트워크에 소속되어야 한다

당신이 네트워크 관리자라면 어떻게 하겠는가?

이 경우 스위치의 기능 중 하나인 VLAN을 사용한다면, 물리적으로 같은 구역에 있다고 해도 논리적으로는 다른 네트워크를 만들 수 있다.

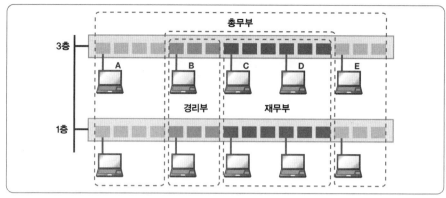

그림 4-16 **3층에 있지만 1층의 서로 다른 네트워크에 소속됨**
VLAN을 이용한 네트워크 구성도

이렇게 구성하기 위해서는 현재 사용하고 있는 PC에 연결되어 있는 스위치를 VLAN 기능을 사용하여 논리적으로 분할해야만 한다.

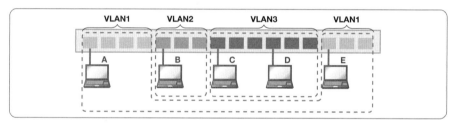

그림 4-17 **스위치를 포트 단위로 논리적으로 분할**
스위치의 포트가 어떤 VLAN에 소속되는지 설정한다.

그럼, 이번에는 VLAN의 기술적인 내용을 살펴보자.

VLAN과 브로드캐스트 도메인

VLAN이란, '하나의 물리적인 네트워크를 복수의 논리적인 네트워크로 분할하는 기술' 이다. 바꾸어 말하면 VLAN을 사용하면 **브로드캐스트 도메인**을 분할 가능하다는 의미 다. 브로드캐스트 도메인은 **브로드캐스트 프레임**(목적지 MAC 주소가 모든 단말을 나타내는 FFFF:FFFF:FFFF 프레임)이 도달하는 범위로, **라우터를 넘지 않고 직접 통신할 수 있는 범위** (네트워크 세그먼트)를 말한다.

레이어2 스위치에서는 원래 모든 포트가 하나의 브로드캐스트 도메인에 속한다. 그러나 VLAN 기능을 사용하면 포트마다 소속된 브로드캐스트 도메인을 임의로 설정하고 논리적인 그룹으로 나눌 수 있다. 즉, 각자 소속된 부서가 1층과 3층으로 걸쳐 있어도 VLAN을 사용하면 사용자 PC를 어떤 브로드캐스트 도메인에 소속시킬지 자유롭게 설정할 수 있는 것이다.

이후 조직 개편에 따라 자리가 바뀌어도 스위치 각 포트의 소속하는 VLAN을 변경해 주면 유연하게 대응할 수 있다.

➡ 소속된 VLAN을 변경하려면 스위치에서 몇 가지 명령어를 입력하면 된다.

게다가 부서별로 네트워크 세그먼트를 분리하는 것으로 같은 부서 간 통신은 라우터를 통하게 되어[주1] 보안이 강화된다. 또한, 브로드캐스트도 부서별로 제한되기 때문에 네트워크 대역폭 소비를 줄이는 장점도 지녔다. 정리하면 VLAN의 이점으로 다음의 세 가지를 꼽을 수 있다.

- 네트워크의 구성을 간단히 변경할 수 있다
- 조직에 맞춰 네트워크를 분할함으로써 보안을 강화할 수 있다
- 브로드캐스트에 의한 네트워크 대역폭 소비를 줄일 수 있다

또한 이 책에서 설명하는 VLAN은 스위치 포트와 VLAN을 대응시킨 **포트 VLAN**이다. 포트 VLAN에서는 각각의 포트를 어떤 VLAN에 소속시킬지를 고정적으로 설정한다. 이런 연유로 포트 VLAN은 **정적 VLAN**이라고도 불린다.

➡ 여태까지의 그림처럼 VLAN과 포트가 일대일로 있을 필요는 없다. 하나의 VLAN을 여러 포트에 할당하여 사용할 수 있기 때문이다.

> **참고**
>
> 한편, 스위치 포트에 접속한 사용자의 정보를 보고 포트가 속해 있는 VLAN을 동적으로 변경하는 동적 VLAN이라는 것도 있다. 동적 VLAN은 호스트(PC)가 네트워크에 접속했을 때 포트마다 사용자 인증을 실시하고 RADIUS 서버로부터 해당 사용자의 VLAN 정보를 입수하여 사용자마다 포트의 VLAN을 동적으로 변경한다. 현재의 기업용 네트워크에서는 사용자마다 액세스 가능한 VLAN을 제한한다는 목적하에 보안 대책으로서 도입이 추진되고 있다.

주1 104쪽의 'VLAN 간의 통신'에서 설명하겠다.

트렁크 링크로 하나의 케이블에 여러 VLAN 프레임을 사용

99쪽의 실제 사례에서는 해결 방법을 어렵지 않게 설명했지만, 실제로 중요한 해결책이 있다. 이 실제 사례의 설명 중에는 독자들에게 혼란을 주지 않기 위해 층을 넘는 하나의 케이블에 여러 VLAN 프레임을 통과시키는 **트렁크 링크**라는 기능을 사용하는 것을 전제로 했다. 여기서는 실제 VLAN을 구성할 때 사용하는 트렁크 링크에 대해 설명하겠다.

█ 만약 트렁크 링크가 없었다면?

여러 대의 스위치를 걸쳐서 VLAN을 구성하는 경우, 스위치 간의 접속에 작은 문제가 발생한다. 예를 들어, 다음 그림과 같이 같은 부서가 다른 층에도 존재한다고 생각해 보자. 총무부의 단말 A와 단말 C, 경리부의 단말 B와 단말 D는 각각 같은 VLAN에 속한다고 가정하자. 이때, 1층의 스위치와 3층의 스위치를 어떻게 접속시키면 좋을까?

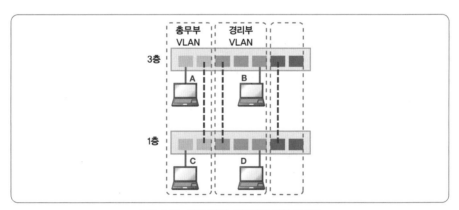

그림 4-18 **여러 대의 스위치를 걸친 VLAN**
단순하게 생각하면 하나의 VLAN에 한 개의 케이블로 접속해야 한다.

단순하게 생각하면 그림의 점선과 같이 하나의 VLAN에 한 개의 케이블을 연결하는 방법을 생각해 볼 수 있다. 그러나 이 구성으로는 VLAN이 늘어날 때마다 층을 걸치는 케이블을 늘려야만 하고 공사에 들어가는 인력과 비용, 그리고 소비하게 될 포트의 수를 생각하면 그다지 경제적인 방법은 아니다.

▌트렁크 링크의 구조

트렁크 링크란 여러 VLAN의 트래픽을 전송하기 위한 **스위치 간 접속 전용 링크**를 말하며, 방금 예제에 있었던 1층과 3층의 VLAN을 케이블 하나로 접속할 수 있게 해준다.

다음 그림 4-19는 위에서 설명한 구성에 트렁크 링크를 사용한 예다. 1층 스위치의 오른쪽 끝 포트와 3층 스위치 오른쪽 끝 포트에 설정하여 포트를 묶는 케이블이 트렁크 링크가 된다. 트렁크 링크 하나로 인해 1층과 3층 스위치에 있는 각각의 VLAN이 하나로 연결되는 것이다.

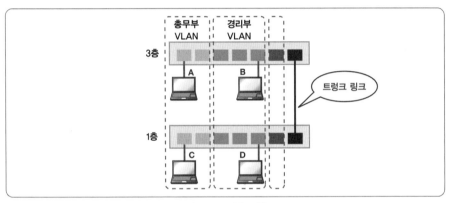

그림 4-19 트렁크 링크
트렁크 링크 포트 하나로 1층과 3층에 있는 VLAN을 연결하여 통신한다.

트렁크 링크에서는 링크 하나에 여러 VLAN의 프레임을 통과시키기 위해 각 프레임이 어느 VLAN에서 보내졌는지를 어떤 방법을 통해 구별해야만 한다(그렇게 하지 않으면 상대 스위치에 어떤 포트로 프레임을 전송해야 하는지 알 수 없기 때문이다). 그 때문에 트렁크 링크를 통과시키는 프레임에는 해당 프레임이 속해 있는 VLAN을 식별하기 위한 정보가 들어 있다. 이것이 바로 **태그**다.

이 VLAN 식별 정보를 첨가하기 위한 방법에는 **ISL(Inter-Switch Link)**과 **IEEE802.1Q**라는 두 가지 규격이 있다. 둘 다 트렁크 링크에 프레임을 통과시킬 때 각 프레임에 식별 정보를 첨가하고, 프레임이 트렁크 링크에서 나올 때 식별 정보를 제거한다.

99쪽의 실제 사례에서 설명한 해결 방법에서는 위와 같은 기술이 백그라운드로 움직이고 있다는 것을 이해할 수 있도록 하자.

VLAN 간의 통신

트렁크 링크의 설명에서 여러 스위치를 걸쳐서 VLAN을 구성할 경우의 문제에 대해 설명했지만, VLAN에는 이외에도 해결해야 하는 문제가 존재한다. 바로 **다른 VLAN 호스트 간의 통신**이다.

다음 페이지 그림의 구성에서 같은 VLAN에 속한 단말 A-단말 C, 단말 B-단말 D는 각각 트렁크 링크를 통해 통신할 수 있다. 그러나 다른 VLAN 간의 단말 A-단말 B, 단말 C-단말 D, 단말 A-단말 D, 단말 B-단말 C는 이 구성으로는 통신이 불가능하다. 이것은 VLAN으로 브로드캐스트 도메인이 분할되어 있기 때문이다.

속해 있는 VLAN이 다른 호스트끼리 통신이 가능해지기 위해서는 라우팅 기능을 가진 장치가 필요하다. 즉, 라우터나 레이어3 스위치가 필요한 것이다.

➡ 레이어3 스위치에 대해서는 다음 절에서, 라우터에 대해서는 제5장에서 설명하겠다.

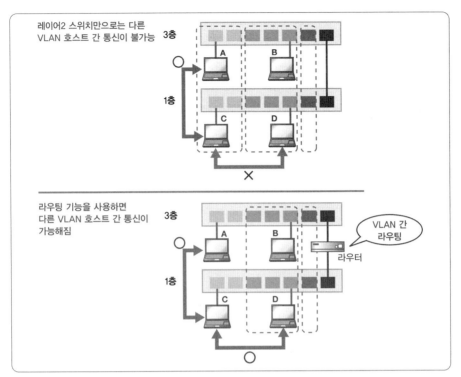

레이어2 스위치만으로는 다른
VLAN 호스트 간 통신이 불가능

라우팅 기능을 사용하면
다른 VLAN 호스트 간 통신이
가능해짐

VLAN 간
라우팅

라우터

그림 4-20 **다른 VLAN 간의 통신**
레이어2 스위치만으로는 VLAN 간 통신이 불가능하나(위),
라우팅 기능을 사용하면 VLAN 간의 통신이 가능(아래)하다.

정리

이 절에서는 다음과 같은 내용을 공부했다.

● VLAN이란, 하나의 물리적인 네트워크를 복수의 논리적 네트워크로 분할하는 기술이다

● VLAN의 이점으로는 다음의 세 가지가 있다

 · 네트워크 구성을 간단히 변경할 수 있다
 · 조직에 맞춰 네트워크를 분할하여 보안을 강화할 수 있다
 · 브로드캐스트로 인한 네트워크 대역폭의 소비를 절약할 수 있다

● VLAN의 종류에는 스위치 포트와 VLAN을 대응시킨 포트 VLAN(정적 VLAN)과 스위치의 포
트에 접속한 호스트 정보를 보고 소속된 VLAN을 동적으로 변경하는 동적 VLAN이 있다

- 트렁크 링크를 사용해 이더넷 프레임에 태그를 붙여 하나의 케이블에 여러 VLAN 프레임을 묶어서 통신할 수 있다

- 트렁크 링크의 VLAN 식별 정보(태그)를 첨가하는 방법으로는 ISL(Inter-Switch Link)과 IEEE802.1Q라는 두 가지 규격이 존재한다. 단 현재는 IEEE802.1Q가 주류다

- 소속 VLAN이 다른 호스트 간 통신을 위해 라우터나 레이어3 스위치로 라우팅을 해야 한다

4-5 여러 가지 스위치 종류

이 절에서는 레이어2 이외의 스위치에 대해 공부해 보자.

지금까지 가장 대표적인 LAN 스위치인 레이어2 스위치(L2 스위치)에 대해 설명했다. 스위치에는 레이어2 이외의 계층을 제어할 수 있는 스위치가 있고, OSI 기본 참조 모델 일곱 계층 중에 어느 계층을 다루느냐에 따라 **레이어3 스위치(L3 스위치), 레이어 4~7 스위치(L4~7 스위치)**라고 부른다. 여기서부터는 레이어2 외의 스위치에 대해 설명하겠다.

IP의 개념이 들어 있는 레이어3 스위치

중규모 거점 네트워크 구성도(VLAN 구성도)를 살펴보자.

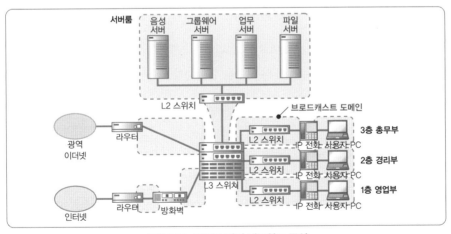

그림 4-21 **중규모 거점 네트워크 구성**

서버룸에 서버군 전용 네트워크가 설치되어 있다. 즉, 사용자의 각 층과 서버룸에 있는 서버군은 VLAN에 의해 브로드캐스트 도메인이 나뉘게 된다.

만약 이 네트워크가 레이어2 스위치만으로 구성되었다면 총무부나 경리부의 사람들은 서버와 통신할 수 없다. 네트워크가 분리되어 있기 때문이다.

서버와 통신하기 위해서는 **VLAN 간 통신**이 있어야만 한다. 그래서 **라우팅 기능**을 가진 레이어3 스위치가 필요하다. VLAN 간 통신은 레이어3 스위치의 가장 큰 역할이라고 해도 좋을 것이다.

또한, 레이어3 스위치가 없어도 라우터가 있다면 VLAN 간 통신이 가능하다. 그러나 라우터는 중규모 거점 네트워크에서 WAN 쪽의 트래픽(통신) 관리만으로도 많은 처리를 책임져야 한다. 그러므로 WAN 쪽의 트래픽을 포함해 LAN 내부 트래픽까지 처리한다는 것은 장치에 많은 부하를 일으킬 것이다.

요즘에는 브로드밴드화가 진행된 결과, 서버를 데이터 센터에 집중시키는 경향이 있다. 때문에 기업의 WAN 쪽 트래픽도 점점 증가하는 추세다. LAN과 WAN을 구분하는 작업은 레이어3 스위치가 하게 되고 라우터는 WAN 접속 전용으로 사용하는 것이 대부분이며, 네트워크 관리자로서도 그렇게 해야 한다.

➡ 라우터에 대해서는 제5장에서 자세히 설명하겠다.

앞 페이지의 그림에서는 각 영역에 있는 스위치를 집약하는 레이어3 스위치가 있어 각 영역에서 들어오는 패킷을 중계하는 역할을 담당한다.

계속해서 레이어3 스위치 내부 구조와 그 특징에 대해 설명하겠다.

▌레이어3 스위치의 구조

레이어3 스위치는 원래 레이어2 스위치에 라우터 기능이 더해진 스위치다. 여러 VLAN에 IP 주소를 할당하고 라우팅할 수 있다. 또한, 전용 칩(ASIC)으로 하드웨어 처리가 이루어져 기존 라우터보다 빠른 패킷 전송이 가능하다. 간단한 공식을 나타내면 다음과 같다.

레이어2 스위치 + 라우터 = 레이어3 스위치

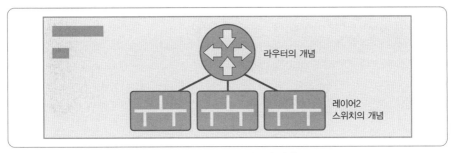

라우터의 개념

레이어2
스위치의 개념

그림 4-22 레이어3 스위치의 개념도

레이어3 스위치는 레이어2 스위치와 기존 라우터 개념을 합쳐 놓은 것이라 할 수 있다.

▌ 레이어3 스위치의 특징

레이어3 스위치의 특징에 대한 핵심 내용을 정리해 보자.

- VLAN 간의 통신이 가능하다
- IP 패킷 전송을 하드웨어로 한다[주2]

첫 번째 특징은 **VLAN 간 통신이 가능하다**는 점이다. 레이어3 스위치는 레이어2 스위치의 기능을 확장시킨 것이다. VLAN 기능을 사용한 브로드캐스트 도메인을 분할하면서 IP 기능을 이용한 라우팅을 수행하는 역할도 담당한다.

스위치가 보유한 여러 개의 포트를 그룹화하고 논리 인터페이스로 IP 주소를 할당할 수 있다. 예를 들어, '스위치 포트 번호 1~10까지는 IP 주소 172.16.10.10.을 보유한 VLAN10에 소속시킨다.'라는 것이 가능하다. 기존 라우터에서는 하나의 물리 인터페이스(포트)에 대해 하나의 IP 주소를 가진다[주3].

⇒ 위 내용에서 VLAN10이라는 것은 여러 VLAN을 구별하기 위해 관리자가 지정한 번호다.

주2 IP 패킷의 라우팅과 IP 이외의 프로토콜 전송까지 하드웨어로 처리하는 레이어3 스위치는 찾아보기 힘들다.
주3 요즘 라우터는 많은 포트를 가진 것이 일반적이 되었고, 여러 인터페이스를 하나의 IP로 할당할 수 있게 되었다.

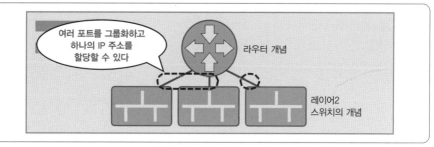

여러 포트를 그룹화하고 하나의 IP 주소를 할당할 수 있다

라우터 개념

레이어2 스위치의 개념

그림 4-23 레이어3 스위치에서는 논리 인터페이스에 IP 주소를 할당할 수 있음

네트워크 부하를 분산하는 로드 밸런서(레이어4~7 스위치)

네트워크 계층 레벨의 네트워크 환경을 이미 도입한 기업은 많을 것이다. 구체적으로 레이어2, 레이어3 스위치를 중심으로 네트워크가 구성된 것이다.

요즘의 레이어2, 레이어3 스위치는 성능과 신뢰성을 갖추게 되었다. 그러나 많은 돈을 들여 네트워크 기기를 도입했어도 단순히 네트워크 계층 레벨까지의 IP 인프라를 강화한 것밖에 되지 않는다. 실제 사용자가 사용하는 애플리케이션 레벨인 레이어4(L4) 이상의 레벨 강화는 이루어지지 않은 것이다. 예를 들어, 사용자로부터 다음과 같은 문의가 들어왔다고 가정해 보자.

'최신 웹 서버에서 응답 속도가 느려졌다.'

이 경우 문제의 원인에는 다음 두 가지가 있다.

* 네트워크 인프라 전체에 발생한 문제인가?
* 웹 서버 자체의 문제인가?

각각의 상황에 대한 내용을 살펴보자.

네트워크 인프라 전체에 발생한 문제인가?

'네트워크 인프라 전체에 발생한 문제'라는 것은 레이어3 이하의 문제를 말한다. 즉, **OSI의 제1계층인 물리 계층부터 제3계층인 네트워크 계층의 레벨**에서 발생한 문제다 예를 들면, 네트워크 이용자 자체의 증가나 헤비 사용자가 데이터를 대량으로 전송하는 바람에 발생한 IP 네트워크망의 **폭주**[주4]를 의심할 수 있다.

예전에는 WAN 회선 용량이 부족한 것을 알고 있어도 회선 요금이 비싸 결국 저속의 WAN 회선을 사용해야만 하는 상황이었다. 이는 많은 네트워크 관리자가 고민하는 것 중 하나일 것이다.

그러나 지금은 WAN 회선도 저렴한 비용으로 사용할 수 있게 되었다. 브로드밴드 회선도 어디서든 사용할 수 있게 되었으며, 스위치나 라우터도 저렴하고 높은 사양의 기기 확보 또한 쉬워졌다. 하위 레이어의 '네트워크 인프라 전체에 발생한 문제'는 현재의 네트워크 환경에서는 점점 해소되어 가고 있다.

▌웹 서버 자체의 문제인가?

오늘날의 네트워크 환경에서는 누구나 네트워크를 사용할 수 있게 되었다. 그래서 사용자의 편리성을 중시하는 업무 애플리케이션의 웹(Web)화가 진행되고 있다. 그러나 결과적으로는 웹 서버의 부하가 많아져 응답 속도가 나빠지는 경우를 많이 발견할 수 있다. 결국 '웹 서버 자체의 문제'가 많아지고 있는 것이다.

이런 경우에는 위에서 설명했듯이 네트워크 계층 레벨까지의 IP 인프라 보완이 아니라 실제 사용자가 사용하는 애플리케이션 레벨인 **레이어4 이상의 보완**이 필요하다.

구제적인 처리 방법으로는 다음의 두 가지를 생각할 수 있다.

- 웹 서버 자체를 높은 사양의 시스템으로 교체한다
- 로드 밸런서(부하분산) 기술을 도입한다

결국 상위 레이어인 레이어4~7에 도입하는 것이 최선이다.

그러나 첫 번째 처리 방법인 '웹 서버 자체를 높은 사양의 시스템으로 교체한다.'에서는 하드웨어부터 애플리케이션까지 새로운 시스템으로의 이전 작업이 발생하기 때문에 작업 규모를 생각하면 현실적으로 힘들다. 이 경우에서는 두 번째 방법인 '로드 밸

주4 네트워크의 용량을 넘는 많은 양의 데이터를 송신하여 문제를 발생시키는 것을 폭주라고 한다.

런서(부하분산) 기술을 도입한다.'가 바람직할 것이다.

이런 상황에서 사용되는 대표적인 장치로는 **레이어4~7 스위치**가 있다. 현장에서는 **로드 밸런서(부하분산 장치)**라고 부르는 경우가 많으므로 책에서는 이 이름을 사용하겠다.

▌ 로드 밸런서 기능

로드 밸런서는 다음과 같은 기능을 가지고 있다.

- 부하분산 기능
- 상태 확인 기능

기본은 서버에 대한 부하분산이다. 로드 밸런서는 여러 대의 서버를 대표하는 가상적인 서버가 되어 사용자로부터의 액세스에 대해 적절한 서버로 요청을 분배한다.

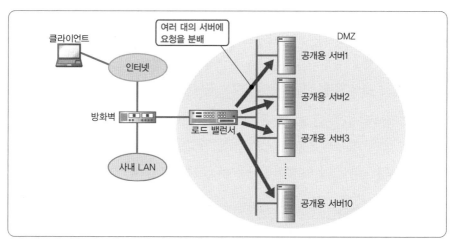

그림 4-24 **로드 밸런서의 부하분산**

또한, 서버의 동작 상태를 확인하고 대상 서버가 정지되는 장애가 발생하면, 그 서버에는 액세스하지 못하도록 전송을 중지하여 장애 영향을 경감하는 기능(상태 확인 기능)을 가진 기기도 있다.

또한, 로드 밸런서는 다음의 기능도 가지고 있다.

- 세션 유지 기능

독자 여러분은 인터넷에서 온라인 쇼핑을 해본 적이 있을 것이다. 일반적인 상품 구매까지의 순서를 확인해 보자.

일반적인 상품 구매 순서

① 웹 사이트에 로그인

② 상품을 선택

③ 결제 방법을 선택

④ 최종 확인

이 일련의 순서에서 각 동작이 서로 다른 서버에서 일어나게 되면 서버 간에 로그인 정보가 공유되지 않는 문제가 발생한다.

그래서 이후에 이루어지는 모든 통신은 사용자가 최초로 할당받은 웹 서버를 통하여 이루어져야 한다. 이렇게 하면 세션(일련의 통신)을 유지할 수 있는 것이다. 이 세션을 유지하기 위해서는 다음의 정보를 사용해 이후의 접속을 같은 서버로 할당한다.

- 발신 IP 주소
- 쿠키(Cookie) 정보(로드 밸런서 및 서버가 설정한 것)
- URL 내에 들어 있는 세션 ID
- HTTP 헤더

참고

레이어4~7 스위치 중에는 기본 로드 밸런싱(부하분산) 기능을 포함해 애플리케이션 성능을 높이는 기능이나 원격 접속 기능을 가진 것도 있다. 구체적으로는 웹 애플리케이션 데이터(암호화의 유무와 관계없음)에 대해 실시간으로 압축을 하거나 TCP 프로토콜 최적화를 통한 네트워크 전체에 있어서 데이터 전송 속도를 크게 개선할 수 있다. 또한, 사용자의 인증 기능과 액세스 제어 기능으로 보다 안전한 원격 접속을 실현할 수 있다.

정리

이 절에서는 다음과 같은 내용을 공부했다.

- 스위치는 OSI 기본 참조 모델 7계층의 어느 레벨을 취급하느냐에 따라 레이어2 스위치, 레이어3 스위치, 레이어4~7 스위치 종류가 있다
- 레이어3 스위치는 레이어2 스위치에 라우터 기능을 추가한 것이다
- 레이어3 스위치의 특징은 다음과 같다
  - VLAN 간 통신이 가능하다
  - IP 패킷 전송을 하드웨어로 처리한다
- '웹 서버에서 응답 속도가 느려졌다.'라는 애플리케이션 레벨의 문제는 다음 두 가지 원인을 생각할 수 있다
  - 네트워크 인프라 전체에 발생한 문제인가?
  - 웹 서버(애플리케이션) 자체의 문제인가?
- 레이어4 이상의 애플리케이션 레벨 강화에 사용되는 기기가 레이어4~7 스위치다

4-6 이중화로 네트워크의 신뢰성을 높인다

이 절에서는 스위치의 이중화에 대해 공부하겠다.

중/대규모 거점의 LAN에서는 사용자에게 미치는 영향도를 생각하면 네트워크의 신뢰성을 높이는 것이 **가장 중요한 문제**다. 소규모 거점과 비교하면 네트워크를 사용하는 사용자 수 차이가 크기 때문이다. 특히, 서비스를 정지할 수 없는 경우에는 반드시 네트워크 신뢰성을 고려한 구성으로 만들어야 한다.

한편, 소규모 거점의 LAN에서는 비용을 중요시하는 경우가 일반적이다. 네트워크 사용자 수가 적어 영향 범위도 그만큼 크지 않기 때문이다.

여기서는 중/대규모 거점의 신뢰성에 초점을 맞춰 설명하겠다. 중/대규모 거점의 신뢰성을 높이기 위해서 **네트워크 이중화**를 실시한다. 여기서 말하는 네트워크 이중화라는 것은 장애 발생 시에 준비된 예비 회선이나 장치 본체를 사용한 구성이다.

먼저 기존의 이중화 운용 방법부터 공부해 보자. 이를 통해 이중화라는 개념을 습득하여 단일 구성의 위험성을 이해한 뒤 현재 많이 사용되는 이중화 구성에 대해 설명하도록 하겠다.

스위치 본체의 이중화

스위치 본체의 이중화라는 것은 보통 운용에서 사용하는 스위치 이외에 예비 스위치를 준비해 두는 운용 방법을 말한다(그림 4-25 구성도의 ①). 또한, 각 지역의 스위치로 건물 내 LAN 배선도 각각의 스위치에서 연장하여 연결한다(구성도의 ②).

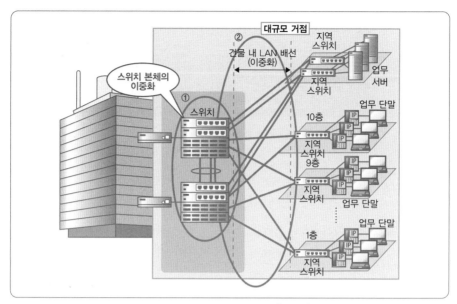

그림 4-25 **스위치 본체 이중화(구성도)**

그럼 스위치 본체의 이중화 구성에서 실제 장애가 발생했을 경우를 살펴보자.

▌스위치 본체에 장애가 발생했을 때

먼저 스위치 본체에 장애가 발생한 경우다.

이 구성에서는 만약 스위치 본체에 장애가 발생해도 자동으로 예비 스위치로 전환될 수 있다. 사용자는 백업 경로를 통해 우회하여 통신하게 되며, 운용에 지장을 주지 않고 지속적으로 통신을 할 수 있게 만들어 주는 구성이다.

신뢰성을 중요시할 경우에 이상적인 구성이다. 그러나 도입 기기도 늘어나게 되므로 운용도 복잡하다는 단점도 있다.

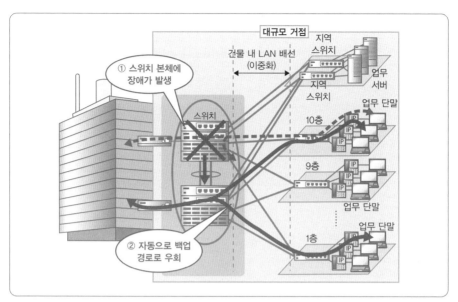

그림 4-26 **스위치 본체에 장애가 발생했을 때**

▌ 스위치 포트나 LAN 배선에 장애가 발생했을 때

이번에는 스위치 포트(그림 4-27 구성도의 ①)나 LAN 배선의 장애(구성도의 ②)가 발생했을 때 어떻게 될까?

이 구성에서라면 만약 스위치 포트나 LAN 배선에 장애가 발생하더라도 예비 통신 경로로 자동 전환된다. 사용자는 위에서 설명한 '스위치 자체에 장애가 발생했을 때'와 같이 백업 경로를 통해 통신할 수 있다. 운용에 영향을 주지 않고 지속적인 통신이 가능한 것이다.

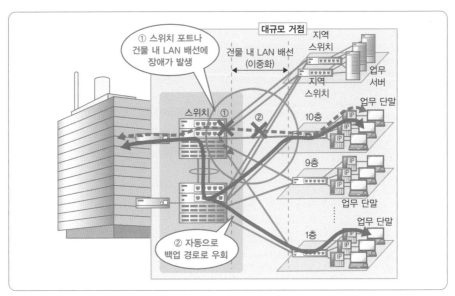

그림 4-27 **스위치 포트나 LAN 배선에 장애가 발생했을 때**

▌ 이중화를 실현하는 기술

여기까지 본 동작을 실현시키기 위해서 필요한 기술이 **스패닝 트리 프로토콜**(Spanning Tree Protocol, 이하 STP)이다. 스패닝 트리 프로토콜은 스위치 본체 또는 스위치 간 링크 장애에 대한 이중화 방법으로, IEEE802.1D로 표준화되어 있다.

스패닝 트리 프로토콜은 이중 경로에 의해 루프를 발견하여 루프 상태가 되지 않도록 특정 포트를 막아(프레임을 전송되지 않도록 한다.) 트리 상태의 네트워크를 만든다. 여기 까지가 스패닝 트리의 완성이다.

그 후에 스위치 간 통신은 **BPDU(Bridge Protocol Data Unit)**라고 불리는 제어 정보를 주 고받아 네트워크가 정상적으로 동작하는지를 감시한다. 그리고 장애가 검출되었을 때 는 스패닝 트리를 재형성하고 새로운 통신 경로가 확립된다.

만약 스패닝 트리 프로토콜이 동작하지 않게 한다면 어떻게 될까? 단순히 네트워크 기기나 우회로를 확보한다 해도 네트워크가 루프 상태에 빠져 데이터가 전송되지 못하 고 계속 빙글빙글 돌게 된다. 또한, 루프가 발생하면 해당 프레임의 통신만으로 네트워크상의 대역을 사용하게 되어 다른 통신에 영향을 미친다. 이런 상태에 빠지지 않기 위해 스패닝 트리 프로토콜이 필요하다.

➡ 또한 후술했듯이 스패닝 트리 프로토콜에는 몇 가지의 운용상 문제가 있어 지금은 사용할 수 없다. 그러나 오랫동안 이중화 방법으로서 주류였던 만큼 여기서 설명한 개요를 알아 두면 현장에서 도움이 될 것이다.

스위치 단일 구성

비용 측면에서는 스위치의 단일 구성이 이중화에 비해 저렴하다. 그러나 반면에 신뢰성은 떨어진다.

스위치의 단일 구성은 스위치 본체(그림 4-28 구성도의 ①)나 포트(구성도의 ②), 수용하는 LAN 배선(구성도의 ③) 중에 장애가 발생하면 외부(WAN용)와 구역 간 통신을 할 수 없게 된다. 통신이 가능한 것은 구역 스위치 범위(구성도의 ④)에 한정된다. 즉, 동일한 구역의 사용자 간 통신만 가능한 것이다.

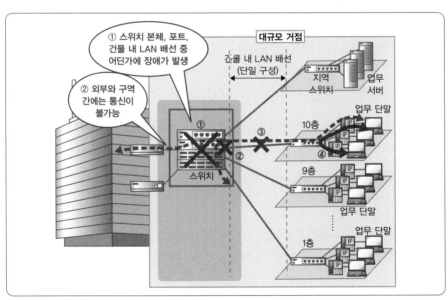

그림 4-28 **스위치 단일 구성도**

이 구성을 채택할지 말지는 네트워크 장애에 대한 위험 범위를 어디까지 허용할 것인가에 달려있다. 아무래도 비용 측면에서 문제는 있지만 현재 네트워크에 대한 의존도를 생각하면 신뢰성이 높은 네트워크 구성인 이중화 구성을 이상적으로 검토하는 것이 좋다.

스패닝 트리 프로토콜을 사용하지 않는 이중화 방법이 메인

118쪽에서는 이중화 구성에서 발생하는 루프를 방지하는 기술로 스패닝 트리 프로토콜을 소개했다. 그러나 최근에는 특히 대규모 네트워크에 있어서 스패닝 트리 프로토콜의 문제점이 표면화되어 사용되지 않게 되었다. 문제점은 다음 두 가지다.

- 대역의 반이 낭비된다
- 설계나 운용이 복잡하고 손이 많이 간다

첫 번째 문제는 스패닝 트리 프로토콜에서 막힌 포트는 데이터를 전송할 수 없어 정상일 때의 대역이 낭비된다는 것이다. 두 번째는 스패닝 트리 프로토콜에서는 장애 발생시 경로 전환이 자동적으로 이루어지지만, 관리자가 그 부분을 예측하여 사전에 네트워크 전체를 고려한 설계를 해야만 한다. 네트워크 규모가 커지면 커질수록 설계는 복잡해지기 때문에 고도의 설계 기술을 가진 사람이 아니라면 관리자가 될 수 없다.

이런 문제를 해결하기 위해 등장한 것이 '스택 접속 + 링크 어그리게이션'이다. **스택 접속**이란 여러 대의 스위치를 논리적으로 한 대의 장치로서 인식하는 기능을 말한다. 이 기능으로 이중화되어 있는 어떤 스위치든지 활성화된 상태로 운용할 수 있고, 컨피그레이션 또한 자동으로 동기화된다.

링크 어그리게이션(Link Aggregtion)은 여러 회선을 묶어 하나의 링크(대역)로 만드는 방법을 말한다. 이 기술을 사용하면 이중화를 구성하면서 상위 스위치와 연결되는 여러 회선의 대역을 낭비 없이 사용할 수 있다(그림 4-29 구성도의 ①). 또한, 하단의 스위치에서는 마치 한 대의 스위치인 것처럼 보이기 때문에(구성도의 ②) 설계가 단순해지고, 만약 장애가 발생한다 해도 원인을 찾기 쉬워서 네트워크 운용에도 손이 많이 가지 않는다.

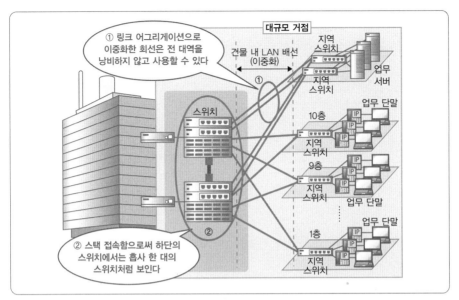

그림 4-29 '스택 접속 + 링크 어그리게이션'을 이용한 이중화

📇 정리

이 절에서는 다음과 같은 내용을 공부했다.

● 중/대규모 거점의 LAN에서는 네트워크 신뢰성을 높이는 일이 가장 중요한 과제다. 그 때문에 스위치 본체 및 각 구역 스위치에 건물 내 LAN 배선을 이중화하여 장애에 대비할 수 있다

● 최근 기업 네트워크에서는 '스택 접속 + 링크 어그리게이션'의 이중화 기술이 주로 사용되고 있다

라우터 초보 입문

WAN와 LAN의 경계선에 위치하며 각 네트워크 사이를 서로 이어주는 역할을 하는 것이 라우터다. 초심자들에게는 복잡한 장치라고 여겨질 수도 있겠지만, 사실 동작 원리는 단순하다. 먼저 기본적인 부분부터 짚어 나가자. 이 장에서는 라우팅, 라우터의 종류, 라우팅 이외의 기능에 대해 공부한다.

5-1 네트워크 전체에서의 라우터 위치

이 절에서는 각 거점 네트워크에서의 라우터 역할에 대해 공부하겠다.

지금까지 WAN과 LAN에 대해 공부해 왔다. 여기서부터는 WAN과 LAN의 경계선에 위치하는 네트워크 기기인 **라우터**에 대해 공부하겠다.

라우터는 정말 심오한 네트워크 기기다. 게다가 실제로 어떤 내부 처리를 하는지 눈으로 볼 수 없기 때문에 더욱더 어렵다. 그래서 이론적인 내용에 들어가기 앞서, 먼저 눈으로 보기 쉬운 네트워크 전체에서의 라우터 위치를 이해하는 것부터 시작해 보겠다.

그럼 네트워크 전체 구성도를 살펴보자.

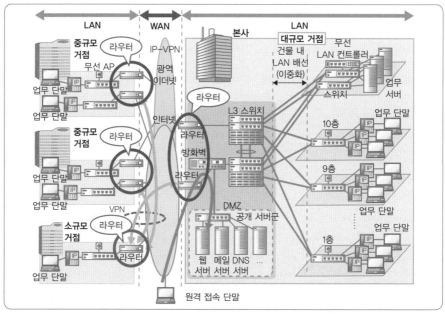

그림 5-1 **네트워크 전체 구성**

물리적인 관점에서 보면 라우터는 각 거점 네트워크(각 거점의 LAN)를 연결하는 역할을 한다. WAN과 LAN의 경계선에 위치하는 네트워크 기기인 것이다. 네트워크 규모에 따라 라우터의 기능과 종류가 바뀌게 된다. 이 부분도 포함해 설명하겠다.

소규모 거점에서의 라우터는 가장 중요한 기기

소규모 거점에 있어서 라우터는 거점 내의 네트워크 기기 중에서도 가장 중요한 기기로 취급된다. 그 이유는 소규모 거점에서는 중/대규모 거점과 데이터를 주고받은 것이 대부분이기 때문이다. 결국 WAN과 LAN의 경계선에 위치하는 라우터는 네트워크에 있어 생명선과 같은 것이다.

소규모 거점 네트워크 구성도를 살펴보자.

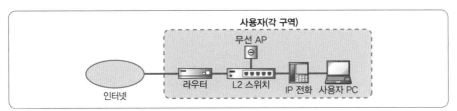

그림 5-2 소규모 거점 네트워크 구성

일반적으로 소규모 거점에서는 비용을 생각하여 라우터 이중화를 하지 않는다. 그래서 라우터에 어떤 장애가 발생하면 해당 거점 사용자는 다른 거점의 사용자와 통신할 수 없게 된다.

소규모 거점에서의 라우터는 '멀티 플레이어'

소규모 거점에서의 라우터는 '멀티 플레이어'가 되어야 한다. 라우터 사양은 '넓고 얕은' 사양이다.

라우터는 소규모 거점에서 여러 가지 역할을 담당한다. 중규모나 대규모 거점에서는 전용 네트워크 기기로 취급하는 방화벽이나 VPN 기능을, 소규모 거점에서는 **한 대의 라우터가 담당**하는 경우가 많다.

라우터의 원래 기능은 다른 네트워크를 연결해 주는 것이다. 124쪽의 네트워크 전체 구성도에서 보면 자사 건물 안, 즉 LAN상에서 생성된 사용자 데이터를 다른 거점으로 전달하게 된다. 그러나 소규모 거점에서의 라우터는 맞은편 라우터와의 가상 네트워크(VPN) 접속을 확립하거나 외부에서 유입되는 부정 패킷에 대한 방어막 역할을 하는 보안 기능도 가지고 있어야 한다. 이러한 기능들은 높은 사양이 아니더라도 필수적으로 존재해야 하는 것이다.

⇒ 이 절에서는 라우터의 원래 기능인 라우팅에 대해서 설명한다. 보안 기능에 대해서는 제6장에서 구체적으로 설명한다.

중/대규모 거점에서의 라우터는 네트워크 간의 다리 역할에 치중

중/대규모 거점에서의 라우터는 라우터 본래의 역할인 다른 네트워크를 연결해 주는 것에 치중하게 되나, 어디까지나 **외부 전용**으로 특화되어 있다. 여기서 말하는 외부 전용이라는 것은 다른 거점을 말한다. 여기까지 전용 영역에 특화할 수 있었던 것은 레이어3 스위치가 있었기 때문이다.

다음 그림 5-3의 중규모 거점 네트워크 구성도를 살펴보자.

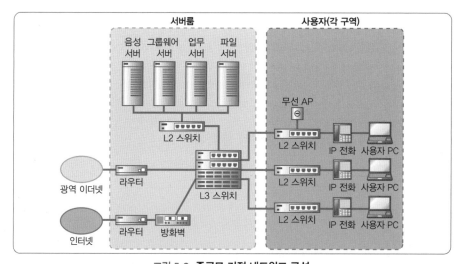

그림 5-3 중규모 거점 네트워크 구성
중/대규모 거점에서의 라우터는 다른 네트워크를 연결하는 역할을 한다.
더욱이 외부 전용으로 특화되어 있다.

내부적으로 다른 네트워크 간 연결은 레이어3 스위치가 맡아서 해준다. 여기서 말하는 내부적이란 거점 내의 네트워크를 말한다. 이렇게 해서 소규모 거점용 라우터와 같이 라우터가 다른 네트워크의 패킷을 모두 처리할 필요가 없어지게 된다. 거점 내의 전달은 라우터 바로 앞 레이어3 스위치가 해주기 때문이다.

▌담당하는 역할은 줄었지만 중요성은 증가

중/대규모 거점에서의 라우터는 소규모 거점의 라우터에 비해 담당하는 역할이 적지만 **역할의 중요성**은 증가한다. 네트워크를 이용하는 사용자도 많아지고 장애가 발생했을 때 네트워크에 끼치는 영향이 크기 때문이다.

중/대규모 거점에 있어서의 라우터는 '신뢰성이 있으며, 보다 전문적'이어야 한다. 라우터의 사양은 '좁고 깊은' 것이다. 보다 빠른 패킷 전송 처리가 가장 큰 임무로 주어진다. 예를 들어, 회사 조직에서도 대기업이 되면 별도의 전문 부서가 생기는 것과 같은 것이다.

정리

이 절에서는 다음과 같은 내용을 공부했다.

- 라우터는 각 거점 LAN을 연결하는 WAN와 LAN의 경계선에 위치하는 네트워크 기기다
- 소규모 거점에 있어서의 라우터는 데이터 전달부터 보안 기능까지 여러 역할을 한 대로 처리한다
- 중/대규모 거점에 있어서의 라우터는 외부와의 데이터 전송에 특화된다. 네트워크를 정지하지 않고 빠른 패킷을 전송하는 것이 역할이다

5-2 라우터의 역할과 기본 원리

이 절에서는 라우터의 원래 기능인 라우팅에 대해 공부하겠다.

라우터는 네트워크 계층에 해당하는 기기

라우터는 OSI 기본 참조 모델에서 보면 **제3계층의 네트워크 계층**에 해당된다.

브릿지나 스위치가 제2계층의 데이터 링크 계층에 속해 있어 물리 주소인 MAC 주소를 기반으로 처리하는 것에 비해, 라우터는 네트워크 계층의 논리 주소인 **IP 주소**를 기반으로 라우팅을 처리한다. 여기서는 라우팅 처리에 대해서 자세하게 공부해 보겠다.

라우팅

지금까지 '라우터는 다른 네트워크를 연결하는 역할'이라고 설명했다. 하지만 정확하게는 단순히 연결하는 역할만 하는 것은 아니며, 적절한 네트워크로 분배하는 역할도 하게 된다. 이것을 **라우팅**이라고 한다.

라우터는 자신이 가지고 있는 **라우팅 테이블**상의 정보를 가지고 패킷을 라우팅한다. 라우팅을 위한 일종의 데이터베이스를 가졌다고 생각하면 좋다.

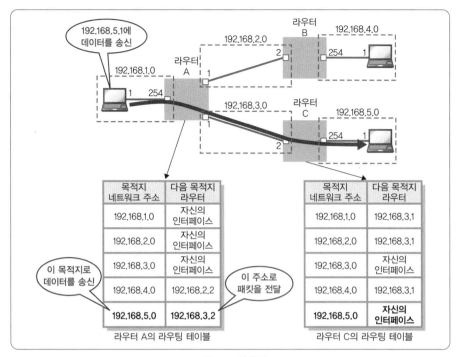

그림 5-4 라우팅

라우팅 테이블 안에는 목적지 경로를 나누기 위한 정보로 다음과 같은 것들을 가지고
있다.

- 목적지의 네트워크 주소
- 목적지의 네트워크로 패킷을 보내기 위한 자신의 인터페이스[주1]
- 목적지의 네트워크에 패킷을 보낼 때의 다음 라우터 주소
- 목적지의 최적 경로를 선택하기 위한 값

그리고 라우터는 전송 받은 패킷의 헤더[주2]에 포함되어 있는 **목적지 네트워크 주소**와 라
우터 자신의 라우팅 테이블 내의 정보와 비교하여, 목적지 네트워크에 패킷을 확실히
전달하기 위해 자신이 가지고 있는 어떤 **인터페이스**에서 패킷을 보내면 좋을까를 판단
한다.

주1 인터페이스는 네트워크와 장치의 경계점이다. 라우터의 경우는 포트를 생각하면 된다.
주2 헤더는 통신 데이터의 맨 앞에 붙는 각종 제어 정보가 기록되는 영역이다.

라우터는 만일 자신의 라우팅 테이블 내에 일치하는 라우팅 정보가 없을 경우, 패킷을 **파기**한다. 이유는 어떤 인터페이스로 보내야 할지 판단할 수 없기 때문이다. 이것이 라우터의 기본 원리다. 즉, 다른 네트워크로 패킷을 확실히 보내기 위해서는 라우터의 라우팅 테이블상의 목적시 라우팅 테이블 징보가 있어야만 한다. 이것이 라우팅의 가장 큰 전제 조건이다.

라우팅 테이블에 대해 설명했지만, 네트워크에 바로 도입된 라우터는 라우팅 정보가 없는 상태다. 라우터를 동작시키기 위해서 관리자는 어떤 작업을 해야만 할까?

이 경우에는 라우터가 가진 라우팅 테이블에 라우팅 정보를 학습시켜야 한다.

구체적으로는 두 가지 방식이 있다.

- 수동 학습 방법
- 자동 학습 방법

이것들을 라우터 용어로 말하면 다음의 두 가지 방식이다.

- 정적(스태틱) 라우팅 방식
- 동적(다이내믹) 라우팅 방식

▌ 네트워크 관리자가 설정하는 정적 라우팅 방식

네트워크 관리자가 콘솔 단말을 통하여 라우터의 라우팅 테이블에 **라우팅 정보를 하나하나 등록하는** 방식이다.

네트워크 관리자가 생각하는 대로 패킷의 경로를 결정할 수 있으며, 다음에서 설명하는 동적 라우팅 방식과 비교해서 라우터나 네트워크 전체에 부하를 주지 않는 것이 장점이다. 그러나 운용 후의 유지보수는 손이 많이 간다. 한 대의 라우터를 추가하기 위해 다른 라우터에서도 변경 작업을 해야 한다. 게다가 네트워크가 커지게 되면 라우터 정보의 관리 즉, 라우팅 정보 관리가 어렵게 되는 것이다.

그림 5-5 **콘솔 화면에서 라우터를 등록**

이와 같은 이유로 해당 방법은 소규모 네트워크에 사용하면 적당하다.

▌라우터가 자동으로 학습하는 동적 라우팅 방식

또 다른 방법은 **라우팅 정보를 다른 라우터에서 자동으로 받아오는** 방법이다. 이 방법은
라우팅 프로토콜이라는 라우터 간에 라우팅 정보를 교환하기 위한 전용 프로토콜을 사
용한다.

라우터 간에 자동으로 라우팅 정보를 서로 교환하기 때문에 문제가 발생했을 때도 라
우팅 정보의 변경 등을 자동으로 실시하게 된다. 예로는 우회 경로로의 자동 변경을
들 수 있다. 특히, 대규모 네트워크에서는 라우팅 정보가 많기 때문에 라우팅 프로토
콜에 의한 동적 라우팅 정보 교환은 필수다.

그러나 정적 라우팅과 달라 **라우터나 네트워크 자체에 부하가 발생**한다는 것을 기억해야
한다. 라우터끼리 정기적으로 라우팅 정보를 교환하기 때문에 그만큼 네트워크에 데
이터를 보내게 되며, 라우터가 그 정보를 모두 처리해야 하기 때문이다.

대표적으로 라우팅 프로토콜에는 **RIP(Routing Information Protocol)**나 **OSPF(Open Shortest
Path First)** 등이 있다. 또한, **BGP4(Border Gateway Protocol version 4)**도 동적 라우팅 프로
토콜의 하나로 취급된다.

이 책에서는 동적 라우팅 프로토콜의 기반을 이해하기 위해 RIP을 중심으로 설명하겠다. RIP는 라우팅 프로토콜의 원조라고도 일컬어지기 때문에 OSPF와 BGP4를 이해하기 위한 기본이 될 것이다.

라우팅 프로토콜

그럼 라우팅 프로토콜의 기본적인 개념을 공부해 보자.

라우팅 정보를 학습하는 순서

동적 라우팅이 라우팅 정보를 학습하는 방법(**알고리즘**)에는 크게 세 가지가 있다.

- 디스턴스 벡터 알고리즘(Distance Vector Routing Algorithm)
- 링크 스테이트 알고리즘(Link State Routing Algorithm)
- 패스 벡터 알고리즘(Path Vector Algorithm)

이 책에서는 동적 라우팅 테이블의 알고리즘의 기초를 보다 이해하기 쉽도록 하기 위해 디스턴스 벡터 알고리즘과 링크 스테이트 알고리즘 두 가지를 비교하여 설명하겠다.

➡ 또한, 패스 벡터 알고리즘을 사용하는 프로토콜로는 대규모 네트워크인 통신 캐리어 사업자용 네트워크 내에서 사용되고 있는 BGP4가 유명하다.

인접한 라우터끼리 라우팅 정보를 학습하는 디스턴스 벡터 알고리즘

먼저 단순한 **디스턴스 벡터 알고리즘**부터 설명한다. 이 알고리즘은 '나는 라우팅 테이블 상태를 공지한다.'라는 정보를 인접해 있는 라우터에 일방적으로 보내는 방식이다.

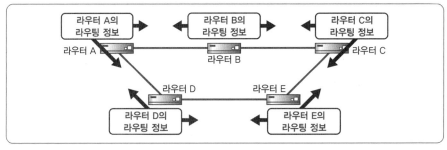

그림 5-6 **디스턴스 벡터 알고리즘**

인접한 라우터끼리 라우팅 정보를 교환함으로써 라우팅 테이블을 만들어 가는데, 그 과정은 앞서 나온 그림 5-6과 같다.

디스턴스 벡터 알고리즘의 대표적인 프로토콜에는 **RIP**가 있다. 이번에는 그 동작 원리에 대해 공부해 보자.

예를 들어, 어떤 목적지로 가는 버스에 경로 A와 경로 B라는 두 개의 경로가 있다고 하자. 경로 A의 경우에는 목적지까지 버스 정류장이 세 개고 경로 B는 네 개다. 도착지까지의 도착 시간이나 도로 상황 등의 교통 정보는 없다. 지금 있는 정보는 '버스가 목적지까지 멈출 정류장의 수'뿐이다. 그래서 그 정보만으로 판단을 해야 한다. 독자 여러분은 어느 버스에 타겠는가?

일반적으로 생각해 보면 '경로 A를 통과하는 버스'일 것이다.

'버스가 멈출 정류장의 수가 많으면 목적지에 도착하기 위한 시간이 그만큼 걸리기 때문에 정류장 수가 적은 쪽을 선택하자.'라고 생각한 것이다. 바로 이런 선택 방법과 RIP의 구조가 같다. RIP의 용어에서는 라우터 한 대를 지나는 것을 **한 홉(Hop)**이라고 한다. RIP에서는 이 홉 수가 적은 경로를 제일 짧은 경로로 판단하여 패킷을 중계하는데, 매우 단순한 방법이다.

예를 들어, 그림 5-7의 구성에서 PC-A에서 PC-B로 데이터를 보내는 경우를 생각해 보자. 경로 A에서는 세 홉, 경로 B에서는 네 홉이다. RIP에서는 홉 수가 적은 경로를 선택한다. 방금 예로 든 버스 이야기와 같은 이치다.

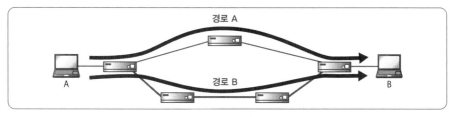

그림 5-7 **RIP의 경로 선택**

그리고 RIP의 단점은 패킷을 **최대 15홉** 라우터까지밖에 전송하지 못한다는 것이다. 때문에 대규모 네트워크에서는 적합하지 않은 프로토콜이다.

▌RIP에 있어서 라우팅 테이블의 학습

그럼 디스턴스 벡터 알고리즘에서 라우팅 테이블을 어떻게 학습하는가를 구체적으로 살펴보도록 하자.

그림 5-8은 192.168.1.0이라는 네트워크 주소 정보가 RIP에 의해 라우터 C로 전달되는 것을 나타내고 있다.

라우터 A에 직접 접속되어 있는 네트워크는 192.168.1.0과 192.168.2.0이다. 또한, 라우터 B에 직접 접속되어 있는 네트워크는 192.168.2.0과 192.168.3.0이다. 라우터 A는 라우터 B로 192.168.1.0의 라우팅 정보를 송신한다. 라우터 B는 192.168.1.0의 정보를 자신의 라우팅 테이블에 추가하고 갱신한다.

그리고 나서 라우터 B는 라우터 C로 자신의 라우팅 정보를 송신한다. 라우터 C에서는 192.168.1.0과 192.168.2.0의 정보를 수신하고 자신의 라우팅 정보를 갱신한다.

여기서 192.168.1.0 테이블 정보에 주목해 보자. 라우터 A가 라우터 B로 송신할 때는 **거리 1**이라는 정보를 붙여 송신하고 있다. 그러나 라우터 B에서 라우터 C로 송신할 때는 거리 2라는 정보를 붙여 송신하고 있다. 이것은 라우터 A에서 보내온 192.168.1.0 라우팅 정보에 라우터 B가 **거리 1을 더하여** 보내기 때문이다. 라우터 C에서 보면 192.168.1.0 네트워크에 패킷을 보내기 위해서는 라우터 두 대를 지나야 하는 것을 알 수 있다. 이러한 통신을 반복하여 각 라우터에 라우팅 정보가 만들어지게 된다.

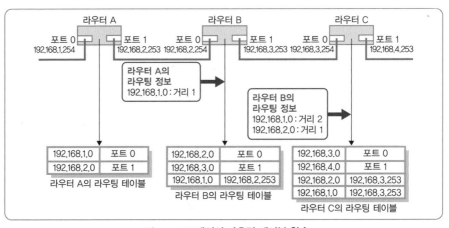

그림 5-8 RIP에서의 라우팅 테이블 학습

▌링크 스테이트 알고리즘

계속해서 지금까지의 동작 방식과는 전혀 다르게 생각하는 **링크 스테이트 알고리즘**에 대해 설명하겠다. 이 알고리즘은 라우터 자체가 접속해 있는 네트워크에 대한 정보(이것을 링크 상태라고 한다.)를 특정 범위 내에 있는 모든 라우터에 통지한다. 다른 라우터의 링크 상태를 수신한 라우터는 그 정보를 기반으로 경로의 정보를 학습하고 라우팅 테이블을 생성한다. 대표적인 라우팅 프로토콜에는 **OSPF**가 있다.

다음 그림 5-9와 같이 각각의 라우터가 자신이 접속하고 있는 네트워크 정보(링크 상태)를 네트워크에 존재하는 모든 라우터에서 통지한다. 또한 그림에서는 라우터 A만 정보를 보내고 있으나, 그 이외의 라우터에서도 같은 정보가 보내진다. 각 라우터는 네트워크상에 있는 모든 라우터 링크 상태를 수신하고, 그 정보를 기반으로 라우터의 정보를 자동 학습하여 라우팅 테이블을 작성하게 된다.

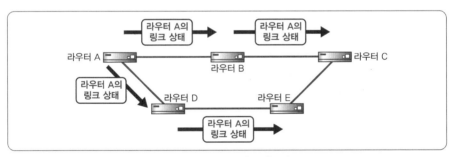

그림 5-9 **링크 스테이트 알고리즘**
라우터 A와 마찬가지로 각 라우터가 자신의 정보(링크 상태)를 네트워크의 모든 라우터에 통지한다.

OSPF가 RIP와 크게 다른 점은 **네트워크를 계층 구조화하여 서브넷 마스크에 사용할 수 있다**는 것이다. 그러므로 대규모 네트워크에서만 사용할 수 있다.

┃ OSPF의 라우팅 방법

다음 그림에서는 OSPF의 링크 스테이트 알고리즘에 의한 라우팅 방법을 설명하겠다.

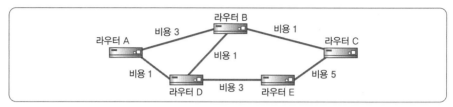

그림 5-10 **OSPF의 샘플 네트워크**

각 라우터는 네트워크에 대한 정보를 주고받은 결과, 다음 그림 5-11과 같은 **링크 정보 데이터베이스**를 작성한다.

링크 정보 데이터베이스					
라우터	라우터 A	라우터 B	라우터 C	라우터 D	라우터 E
비용	라우터 B 3	라우터 A 3	라우터 B 1	라우터 A 1	라우터 D 3
	라우터 D 1	라우터 C 1	라우터 E 5	라우터 B 1	라우터 C 5
		라우터 D 1		라우터 E 3	

그림 5-11 **링크 정보 데이터베이스**

링크 스테이트 알고리즘에서는 이 링크 정보 데이터베이스를 가지고 각 링크(경로)에 할당된 비용에서 최적 경로를 계산한다. **'최적 경로'**란 그 링크 비용이 최솟값이 되는 경로를 말한다(회선의 속도나 지연 시간으로 계산한다).

방금 RIP에서 설명한 버스 예와 비교하면 '정류장에는 많이 정차해도 최종적으로 빨리 도착하는 경로 B행 버스에 타자.'라는 개념이다. 예를 들어, 위의 링크 정보 데이터베이스에서 라우터 A의 라우팅 테이블을 계산한 결과는 다음과 같이 트리 구조가 된다.

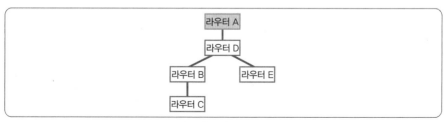

그림 5-12 **라우터 A 최적 경로의 트리 구조**

다음 그림과 같은 네트워크에서 라우팅 프로토콜로 OSPF를 사용할 경우 회선의 속도가 빠른 경로 B가 선택된다(RIP의 경우는 홉 수가 적은 경로 A가 선택된다).

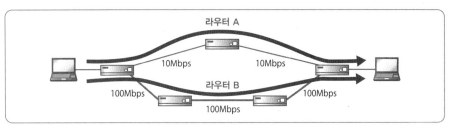

그림 5-13 **OSPF의 경로 선택**

◀)) **OSPF의 특징**
- OSPF는 링크 스테이트 알고리즘의 프로토콜이다
- 대규모로 복잡한 네트워크에 적당하나 설정이 조금 복잡하다

일치하는 라우팅 정보가 없을 때 할당되는 경로

'라우터는 라우팅 테이블 내에 일치하는 라우팅 정보가 없을 때는 패킷을 파기한다.'라는 내용을 앞서 설명했다. 그러나 일치하는 라우팅 정보가 없을 때는 패킷을 파기하지 않고 미리 설정해 둔 경로로 패킷을 보낼 수 있다. 이것이 바로 **기본 경로**다.

정적 라우팅 환경에서는 네트워크 규모가 커지면 관리가 힘들어진다고 설명했다. 그것은 목적지까지 패킷을 중계하는 모든 라우터에 정적 경로를 설정해야만 하기 때문이다. 일일이 모든 경로를 등록하는 것은 힘들다. 그래서 등장한 것이 바로 기본 경로다.

기본적인 개념은 PC에 설정된 **기본 게이트웨이**와 동일하다. 기본 게이트웨이는 '자신이 소속되어 있는 네트워크 이외의 다른 곳으로 데이터를 보낼 때는 반드시 여기로 보내라.'라는 목적지 설정이다. 실제로는 네트워크 경계에 존재하는 라우터 IP 주소를 기본 게이트웨이로 설정한다.

기본 경로의 설정 예를 그림 5-14에서 설명하고 있다. 이 그림의 라우터 A에서 '192.168.1.0'과 '192.168.2.0'의 네트워크에 정적 라우터를 설정하고, 그 이외의 목적지 네트워크와 통신하기 위해서 기본 경로를 설정한다. '그 이외의 목적지 네트워크'와의 통신에는 인터넷용 통신도 포함된다.

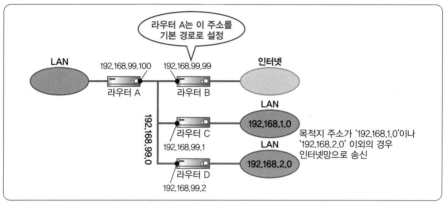

그림 5-14 기본 경로
라우터 A는 라우터 B의 192.168.99.99에 대해 기본 경로를 설정

다른 LAN 간의 접속

라우터는 네트워크를 **분할하는** 기기라고도 하지만, 분할한 네트워크를 **연결하는** 역할도 담당한다. 라우터에 의해 분할된 네트워크에는 각각 **다른 네트워크 주소**가 할당된다.

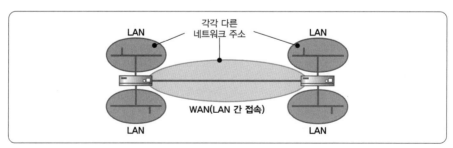

그림 5-15 라우터를 이용한 LAN 간 접속 네트워크

Column 　**다른 물리 규격의 인터페이스를 가진 네트워크의 접속**

이전에는 라우터의 용도로서 다른 물리 규격의 인터페이스를 가진 네트워크 간을 상호 연결해 주는 것이 존재했다. 예를 들어 라우터의 이더넷 인터페이스에 접속된 네트워크에서 패킷을 받아 라우팅 처리를 하고, 토큰링 인터페이스에 접속된 네트워크 패킷을 전달할 수도 있다.

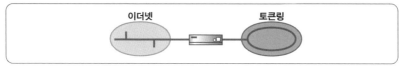

이더넷　　　　　　　　　토큰링

그림 5-16 **다른 물리 규격의 인터페이스를 가진 네트워크 간을 상호 접속**

정리

이 절에서는 다음과 같은 내용을 공부했다.

● 라우터는 OSI 기본 참조 모델의 제3계층(네트워크 계층)에 해당하는 네트워크 기기다

● 라우터는 라우팅 테이블상의 정보를 기반으로 패킷을 라우팅한다. 라우팅 테이블에는 다음과 같은 정보가 있다

　• 목적지 네트워크 주소
　• 목적지 네트워크로 패킷을 보낼 자신의 인터페이스
　• 목적지 네트워크에 패킷을 보낼 때의 다음 라우터 주소
　• 목적지까지의 최적 경로를 선택하기 위한 값

● 라우팅 테이블에 라우팅 정보를 학습시키기 위해서는 두 가지 방법이 있다

　• 정적(스태틱) 라우팅
　• 동적(다이내믹) 라우팅

● 정적 라우팅 방식은 네트워크 관리자가 라우팅 테이블에 라우팅 정보를 하나하나 등록하는 방법이다

● 동적 라우팅 방식은 라우팅 정보를 다른 라우터에게 자동으로 받는 방법이다. 그러기 위해서는 라우팅 프로토콜을 사용한다

● 라우팅 프로토콜 학습 방법(알고리즘)에는 크게 세 가지가 있다

- 디스턴스 벡터 알고리즘
- 링크 스테이트 알고리즘
- 패스 벡터 알고리즘

● RIP은 디스턴스 벡터 알고리즘의 라우팅 프로토콜이다

● OSPF는 링크 스테이트 알고리즘의 라우팅 프로토콜이다

● 기본 경로를 설정해 두면 라우팅 테이블 내에 일치하는 라우팅 정보가 없을 때도 패킷을 파기하지 않고 기본 경로로 보낸다

5-3 라우터에도 종류가 있다

이 절에서는 라우터의 종류와 그 특징에 대해서 공부하겠다.

라우터에도 몇 가지 종류가 있다. 그 이유는 사용되는 환경이나 네트워크 규모에 따라 필요한 사양이 다르기 때문이다. 먼저 전체적인 이해를 위해 물리적인 관점에서 라우터를 살펴보도록 하자.

다음의 그림 5-17을 보자.

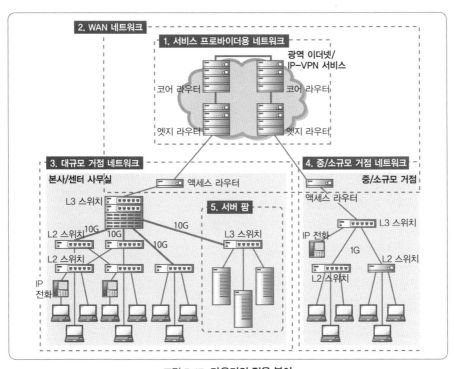

그림 5-17 **라우터의 적용 분야**

여기서는 라우터가 적용된 분야를 다섯 가지로 나누었다.

① 서비스 프로바이더용 네트워크

② WAN 네트워크

③ 대규모 거점 네트워크

④ 중/소규모 거점 네트워크

⑤ 서버 팜

서비스 프로바이더용 네트워크에는 성능이 가장 좋은 라우터를 선택

'그림 5-17 라우터의 적용 분야'의 **서비스 프로바이더용 네트워크** 부분을 살펴보도록 하자.

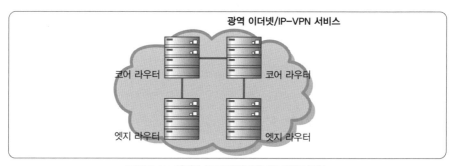

그림 5-18 **서비스 프로바이더용 네트워크 부분**

서비스 프로바이더용 네트워크의 대표적인 통신 서비스로는 광역 이더넷과 IP-VPN이 있다. 그 전에는 프레임 릴레이와 ATM 회선 서비스였으며, 통신 사업자로는 KT, SK 텔레콤, LG 유플러스 등이 유명하다. 거기서 사용되는 라우터는 **코어 라우터**와 **엣지 라우터**다. 코어 라우터와 엣지 라우터는 광역 이더넷망이나 IP-VPN망 안에 존재하게 된다.

코어 라우터의 가장 큰 역할은 엣지 라우터에서 온 데이터를 통신 사업자망(서비스 프로바이더용 네트워크) 안에서 중계하는 것이다. 그리고 엣지 라우터의 역할은 통신 사업자망 안과 고객의 구내 네트워크를 연결하는 것이다.

코어 라우터와 엣지 라우터 모두 대용량 데이터를 다루며 고속 처리가 요구된다. 또한, 라우터 안에서도 제일 사양이 높고 크기도 큰데다 가격도 가장 높은 라우터다.

사진 5-1 코어 라우터
시스코 시스템즈의 Cisco Network Convergence System 6000 시리즈 라우터
제공 : Cisco Systems, Inc.

WAN 네트워크에서 사용되는 라우터

'그림 5-17 라우터의 적용 분야'의 **WAN 네트워크** 분야를 살펴보자. 그 안에서도 WAN 서비스를 이용하는 고객 쪽을 주목하여 보도록 하겠다.

고객 쪽에서 사용하는 WAN 라우터는 고객의 거점 간(또는 LAN 네트워크 간)을 연결하기 위한 역할을 담당한다. 여기서 사용되는 라우터를 **액세스 라우터**라고 한다.

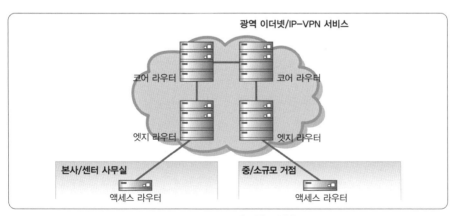

그림 5-19 WAN 네트워크 부분
WAN 라우터는 거점 간(또는 LAN 네트워크 간)을 연결하는 역할을 한다.

사진 5-2 액세스 라우터
시스코 시스템즈의 Cisco ASR 9001
제공: Cisco Systems, Inc.

통신 사업자 사람들은 액세스 라우터를 **커스터머 엣지 라우터**라고 한다. 통신 사업자 측에서 보면 고객의 건물 내의 엣지 부분에 설치되어 있는 라우터가 고객과의 책임 경계점이기 때문이다.

한편 엔터프라이즈 쪽, 즉 고객 쪽에서는 WAN으로 액세스 회선을 통해 연결되는 부분이기 때문에 액세스 라우터라고 한다. 때문에 이 책에서는 액세스 라우터라는 이름으로 통일하겠다.

액세스 라우터는 소규모 거점 네트워크라면 100만 원 미만의 제품이라도 문제가 없다. 그러나 중규모나 대규모가 되면 많은 패킷을 고속으로 처리해야 하므로 높은 사양의 라우터를 액세스 라우터로 사용한다. 가격대는 네트워크 규모에 따라 다르겠지만 최저 1,000만 원 이상이 된다.

Column   **예전 WAN 장치**

이전의 WAN 장비라고 하면 MUX(multiplexer, 멀티 플렉서, 막스)다. MUX는 여러 데이터용 회선을 다중화하여 하나의 전송로로 보내는 방식이다. 일반적으로는 시분할 다중 장치(time division multiplexing, TDM)라고 한다. 이 장치는 지금의 라우터와는 비교할 수 없을 만큼 커다란 장치이며 도입 비용도 수억 원 이상 들어간다.

MUX는 1990년대의 WAN에서 주로 사용된 장치지만, 비용적인 문제가 있어 대기업이나 통신 사업자가 아닐 경우 시스템을 구축하는 것이 불가능했다.

MUX는 19인치 랙에 설치되며, 그 MUX 본체 안에 여러 장의 카드(기판 카드)가 설치된다. 그 설치된 카드의 기능에 의해 데이터 전송이 이루어진다. 또한, MUX는 음성 회선도 설치할 수 있다.

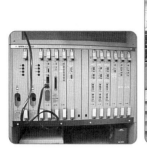

사진 5-3　MUX
새시(박스)에 각 카드가 설치되어 있다(왼쪽).
MUX는 19인치 랙에 설치된다(오른쪽).

사진 5-4　MUX와 같이 설치된 PBX

구내에서의 라우터는 레이어3 스위치

'그림 5-17 라우터의 적용 분야' 내의 **대규모 거점 네트워크, 중/소규모 거점 네트워크,
서버 팜**에서도 라우팅은 이루어진다. 그러므로 모든 **레이어3 스위치(L3 스위치)**가 제 역
할을 다하게 된다.

➡ 레이어3 스위치에 대해서는 '5-4절 레이어3 스위치와의 차이점'에서 설명하겠다.

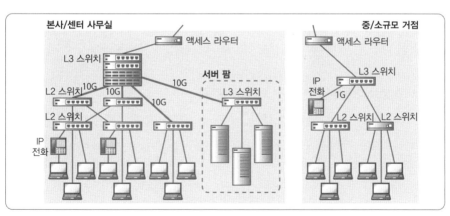

그림 5-20　대규모 거점 네트워크, 중/소규모 거점 네트워크, 서버 팜 부분
서버 팜(서버룸에 해당)에는 확장 슬롯 형태의 스위치가 최적

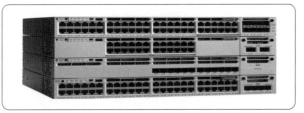

사진 5-5 레이어3 스위치

시스코 시스템즈의 Cisco Catalyst 3850 시리즈 스위치

제공: Cisco Systems, Inc.

그 외의 라우터 종류

라우터에는 지금까지 소개한 것 외에도 몇 종류의 라우터가 있다.

▌여러 프로토콜을 사용할 수 있는 멀티 프로토콜 라우터

라우터의 세계에서도 TCP/IP는 표준 프로토콜이며, 라우터는 TCP/IP를 위한 라우팅 기능을 반드시 가지고 있다. 그러나 이전의 네트워크 세계에서는 TCP/IP 이외의 프로토콜도 있었다. 바로 IPX/SPX나 AppleTalk 등이다. TCP/IP 환경에 넷웨어(NetWare) 환경과 매킨토시(Macintosh. 이하 맥(Mac)) 환경이 혼재하여 사용되는 네트워크에서는 IPX/SPX나 AllpeTalk 프로토콜을 위한 라우팅 기능도 필요했다.

이와 같이 여러 프로토콜을 사용하는 라우터를 **멀티 프로토콜 라우터**라고 한다. 멀티 프로토콜 라우터는 가격도 100만 원 정도로 고가이며, 기업용 라우터에 속한다.

▌액세스 라우터(소규모 거점 네트워크용)

액세스 라우터(소규모 거점 네트워크용)는 주로 광 회선을 액세스 회선으로 쓰는 인터넷 연결에 이용된다. 가격대는 50~100만 원 정도다.

사진 5-6 소규모 거점 네트워크용 액세스 라우터
주로 광 회선을 사용한 인터넷 연결에 사용된다.
사진은 시스코 시스템즈의 Cisco 890 통합형 서비스 라우터
제공: Cisco Systems, Inc.

| Column / | 다이얼 업 라우터 |

예전에는 현재와 같은 브로드밴드 환경이 있기 이전의 액세스 회선이라면 ISDN이 대부분이었다. 그때 등장한 것이 다이얼 업 라우터다. 다이얼 업 라우터는 라우팅 테이블에 추가하고 목적지 네트워크 주소와 연결하는 쪽 ISDN 다이얼 번호에 대한 표를 가지고 있으며, 라우팅하는 쪽이 ISDN 경유라면 자동으로 다이얼하여 접속해 데이터 통신을 실행하는 기능을 가진 라우터다.

현재 네트워크와 같이 항상 접속하고 있는 것이 아니라 사용자가 네트워크에 액세스할 때만 다이얼링하여 네트워크 회선에 연결하고, 필요하지 않을 때는 차단하는 형태를 가지고 있다. 비용 측면에서도 통신 비용이 시간 과금제여서 자연히 비용을 최소화할 수 있는 구조다.

일반 소비자용이나 소규모 거점 네트워크용의 라우터로 사용되는 형식이다.

정리

이 절에서는 다음과 같은 내용을 공부했다.

● 라우터는 사용되는 환경이나 네트워크 환경에 따라 몇 가지 종류가 있다

● IP-VPN망과 광역 이더넷망과 같은 서비스 프로바이더용 네트워크에서 사용되는 라우터가 코어 라우터와 엣지 라우터다. 모두 대용량 데이터를 다루고 고속 처리가 요구된다

● WAN 네트워크에서 사용되는 라우터를 통신 사업자 쪽에서는 커스터머 엣지 라우터, 고객 쪽에서는 액세스 라우터라고 부른다. WAN으로 액세스 회선을 통해 연결하는 부분에 사용된다

● 구내 네트워크(대규모 거점 네트워크, 중/소규모 거점 네트워크, 서버 팜)에는 레이어3 스위치가 라우팅을 한다

● 액세스 라우터(소규모 거점 네트워크용)는 주로 광 회선을 액세스 회선으로 사용한 라우터로 인터넷에 접속하기 위해 사용된다

5-4 레이어3 스위치와의 차이점

이 절에서는 라우터와 레이어3 스위치의 차이점에 대해 공부하겠다.

패킷 전송을 하드웨어로 처리하는 레이어3 스위치

라우터와 레이어3 스위치의 큰 차이점으로 패킷의 전송 처리를 **소프트웨어적으로 하는 가, 하드웨어적으로 하는가**가 있다. 여기서 라우터는 전자에 해당하며, 레이어3 스위치의 경우는 후자다.

레이어3 스위치는 레이어3이라는 이름처럼 라우터와 마찬가지로 OSI 기본 참조 모델 제3계층 네트워크 계층에 속해 있다. 그러나 네트워크 기기로서의 내부 구조는 라우터 와는 다르게 이루어져 있다.

라우터의 경우는 CPU와 메모리가 연계하여 소프트웨어에 패킷을 전송한다. 레이어3 스위치의 경우는 ASIC라고 불리는 전용 칩으로 패킷의 전송을 처리하며, 하드웨어 처 리를 한다는 것이 큰 특징이다. 때문에 라우터보다 더 **빠르게** 패킷을 처리할 수 있다. 그러나 현재는 **하드웨어 처리를 하는 라우터**도 늘어나서, 이와 같은 제품에서 처리 속도 에 대한 차이는 사라졌다.

라우터는 VPN이나 NAT/NAPT 기능을 지원

패킷 전송을 하드웨어로 처리하는 레이어3 스위치의 등장으로 인해 라우터의 존재 가 치는 사라진 것일까? 여기서부터는 라우터의 존재 가치, 즉 '라우터의 장점은 무엇일 까?'라는 시점에서 생각해 보도록 하자.

라우터의 장점은 간단히 말해서 **WAN이나 인터넷 연결에 특화된 기능을 가지고 있다**는 것이다.

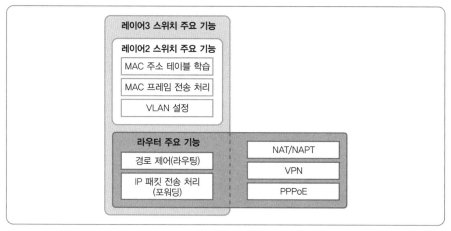

그림 5-21 **라우터와 스위치의 기능 관계**

라우터와 레이어3 스위치는 엄밀히 따진다면 서로 다른 것이나, 기능적으로는 어느 정도 중복되는 부분이 있다는 것은 부정할 수 없다. 하지만 라우터에는 있으나 레이어3 스위치에는 없는 기능이 있다. 그것은 **VPN 기능**과 **NAT/NATP 기능(주소 변환)**이다. 이것은 일반적인 레이어3 스위치 기능이 아니라 WAN과 LAN을 연결해 주는 라우터의 역할이기 때문이다. 이는 레이어3 스위치와 라우터 간의 가장 큰 차이점이기도 하다.

➡ 그러나 일부 고가의 레이어3 스위치에 전용 모듈을 추가함으로써, 이 역할을 수행하게 만드는 것도 가능하다.

▌VPN 기능을 사용하여 안전한 네트워크를 실현

인터넷망 내부에는 아무런 보안 대책도 준비되어 있지 않다. 때문에 단말 쪽인 접속하는 사용자나 기업이 스스로 책임지고 대책을 강구해야 하는데, 네트워크를 무료로 사용하는 만큼 어쩌면 당연한 일일 것이다.

네트워크 전체 구성도를 살펴보자.

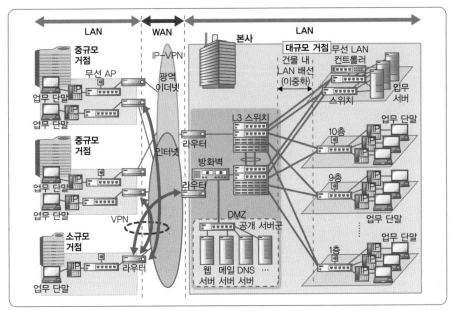

그림 5-22 **네트워크 전체 구성**

그림 가운데쯤에 인터넷망이 있고 그 망에 연결하는 라우터 사이의 화살표에 **VPN**이라고 쓰인 부분이 있다. 이것은 인터넷망 내부에 VPN(가상 사설 네트워크)이라는 기능을 사용하여 대규모 거점이나 중규모 거점에 연결되어 있음을 나타낸다.

인터넷망은 불특정 다수의 사람이 이용해야 하지만, 반면에 기업 데이터가 외부로 유출되는 것은 막아야 한다. 그래서 실제 사용자 간의 통신에 쓰이는 패킷을 암호화하거나 인증하는 방법을 사용한다. 인터넷 VPN은 '인터넷망을 사이에 두고 가상 암호와 터널로 라우터끼리 연결하고 있다.'라고 생각하면 된다.

그렇게 하면 그 사이의 패킷 통신은 암호화되어 중간에서 측정기 등을 연결하여 패킷을 캡쳐해도 내용을 볼 수 없다. 덕분에 통신을 보호할 수 있으므로 안전한 네트워크를 실현할 수 있는 것이다.

▍일대다 주소 변환을 실현하는 NAT/NAPT 기능

제2장에서 사설 주소와 공인 주소의 주소 변환에 대해 설명했다. 그것을 실제로 수행하는 것이 바로 **NAT/NAPT 기능**이다.

NAT/NATP 기능은 일대다 주소 변환을 구현한다. 소규모 거점이나 일반 가정에서도 여러 단말을 사용하는 경우가 많을 것이다. 하나의 공인 주소와 여러 사설 주소의 식별은 포트 번호[주3]를 이용해 이루어진다.

⇒ 여기서 설명한 기능을 IP 마스커레이드라고 부르기도 한다.

▌인터넷 접속 서비스에 곧잘 이용되는 PPPoE

라우터에는 있으나 레이어3 스위치에는 없는 또 다른 하나는 PPPoE 기능이다. **PPPoE (PPP over Ethernet)**는 가정 내 LAN에 접속된 PC나 라우터 등의 기기와 ISP 내에 설치된 통신 기기 사이에 접속을 확립하는 수단으로서 이용되는 기술이다.

PPP(Point-to-Point Protocol)는 일찍이 전화 회선이나 ISDN 회선을 통해 인터넷에 접속할 때 자주 이용되던 프로토콜이었던 것을 현재 주류인 이더넷상에서 이용할 수 있게 한 것이다.

PPPoE로 접속을 시작할 때 이용자의 식별(사용자 인증) 등을 실시할 수 있으므로 인터넷 접속 서비스에 이용되고 있으며, PPPoE 접속을 이용하는 서비스의 예로는 플렛츠 광이 있다.

🖳 정리

이 절에서는 다음과 같은 내용을 공부했다.

- 라우터는 패킷을 소프트웨어로 전송하고 레이어3 스위치는 패킷을 하드웨어로 전송한다. 하드웨어 처리를 하는 레이어3 스위치 쪽이 패킷을 더욱 고속으로 처리할 수 있다. 그러나 현재는 하드웨어 처리를 하는 라우터도 늘어나는 추세다
- 라우터의 장점은 WAN이나 인터넷 연결에 특화시킨 기능을 갖추고 있는 것이다
  - VPN
  - NAT/NAPT(주소 변환)
  - PPPoE

주3 포트 번호란, 애플리케이션 계층의 프로토콜을 구별하기 위한 번호다. 174쪽 칼럼을 참조하기 바란다.

5-5 라우터를 효과적으로 사용하기 위해서는

이 절에서는 라우팅 이외의 라우터를 사용할 때 중요한 내용에 대해 공부하겠다.

패킷 필터링

라우터는 간단한 보안 기능을 가지고 있다. 그것이 바로 **패킷 필터링 기능**이다. 네트워크 계층의 데이터 단위인 패킷의 헤더에 들어 있는 정보를 기반으로 필터링 처리를 실행할 수 있다. 그리하여 패킷을 통과시키느냐/통과시킬 수 없느냐를 판단한다. 일종의 도로 검문과 같다.

예를 들어, '172.16.1.0 네트워크로의 패킷은 파기한다.'라는 처리가 이루어지거나 'FTP 트래픽만 허가한다.'라는 프로토콜 단위의 처리가 이루어지기도 한다.

어느 레벨의 필터링이 가능한지는 라우터의 사양에 따라 다른데, 주로 고가의 라우터 일수록 상세한 설정이 가능하다.

이중화로 네트워크의 신뢰성을 높인다

다음 페이지 그림 5-23의 네트워크 전체 구성도를 살펴보자.

제4장에서도 설명했지만 사용자에 미치는 영향을 감안해 보면 중/대규모 거점 네트워크에서는 네트워크의 신뢰성이 **가장 중요한 과제**다. 네트워크를 사용하는 사용자 수가 소규모 거점에 비교하면 매우 많기 때문이다. 이렇듯 중/대규모 거점의 네트워크에서는 '네트워크 신뢰성이 전부'라 해도 과언이 아니다.

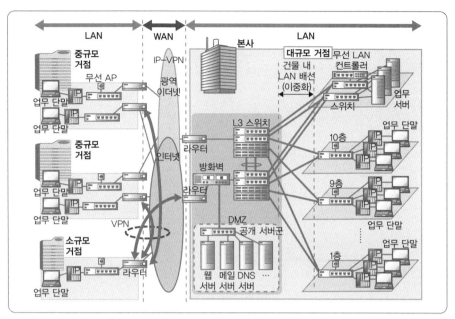

그림 5-23 **네트워크 전체 구성**

중/대규모 거점 네트워크에서는 **라우터의 이중화(REDUNDANCY NETWORK)**를 한다. 그러지 않으면 라우터에 어떤 장애가 발생했을 때 해당 거점의 사용자는 다른 거점과 통신할 수 없게 된다.

▌이중화에도 종류가 있다

중/대규모 거점에서의 WAN 쪽이 이중화되어 있다는 것은 WAN으로 나가는 출구도 여러 개 존재한다는 것이다. 네트워크 구성을 고려한 방법은 크게 두 가지가 있다.

- 여러 대의 라우터가 각각의 WAN 회선을 보유
- 한 대의 라우터로 여러 WAN 회선을 보유

이 책에서는 일반적으로 운용되고 있는 라우터를 액티브, 백업용 장치를 스탠바이라고 정의하고 이야기를 진행하겠다.

▌ 여러 대의 라우터가 각각의 WAN 회선을 보유

라우터 구성을 다음 그림과 같이 액티브와 스탠바이 두 대로 운용하며, 회선도 각자 따로 가지게 된다. 또한, 다른 통신 사업 회사(캐리어) 회선을 사용한다.

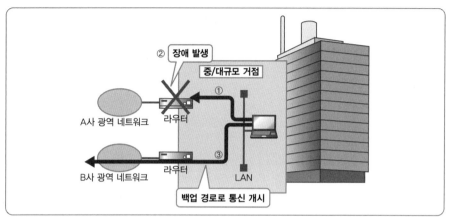

그림 5-24 여러 대의 라우터가 각각의 WAN 회선을 보유

'라우터는 똑같은 기종과 같은 버전으로 설치하지만, WAN 회선은 다른 회선을 사용한다.'라는 것이 중요한 부분이다. 기기를 같은 기종으로 한 이유는 소프트웨어의 상성에 따른 안정성을 고려한 것이다. 그러나 WAN 회선에 대해서는 별도다. 만약 통신 사업자인 A사의 건물 자체에 장애가 발생했을 때 같은 회선으로는 이중화하는 의미가 없기 때문이다. 장애를 피하기 위함은 물론이고 신뢰성 면에서도 **WAN 회선은 다른 통신 사업자에서 빌리는 것이 철칙**이다.

이런 구성이라면 통상적으로 운용되는 회선이나 라우터 자체에 장애가 발생하더라도 평상시에 대기 중이었던 예비 라우터를 사용해 경로를 자동으로 변경하고 처리를 계속할 수 있다. 신뢰성을 중요시하는 이상적 구성이지만, 도입 기기가 늘어나 구성이 복잡해지는 단점도 있다.

➡ 이 변경 동작을 실현하는 것이 VRRP(Virtual Router Redundancy Protocol: 가상 라우터 이중화 프로토콜)다. VRRP는 같은 LAN에 연결된 여러 대의 라우터를 가상으로 한 대의 라우터로서 취급한다. PC 단말은 실제 라우터 주소를 게이트웨이 주소로 설정하지 않고 VRRP 가상 라우터 주소를 설정하게 된다. VRRP는 업계 표준 프로토콜로 RFC 3768로 정의되어 있다.

또한, 현재는 비용을 생각해서인지 다음 그림과 같이 백업 회선을 인터넷 VPN으로 사용한 구성을 많이 도입하고 있다.

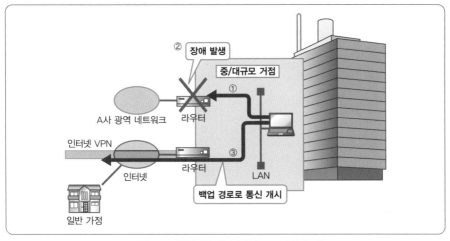

그림 5-25 백업 회선을 인터넷 VPN으로 구성

▌ 한 대의 라우터로 여러 WAN 회선을 보유

다음 페이지의 그림 5-26으로 나타낸 구성이다. 방금 '여러 대의 라우터가 각각의 WAN 회선을 보유'하는 구성보다는 조금 신뢰성이 떨어진다. 그러나 비용 측면에서 약간의 이점을 가지고 있다. 구성에 필요한 네트워크 기기의 수가 적기 때문이다.

이 구성에서는 통상적으로 운용되는 WAN 회선 자체에 장애가 발생해도 백업 경로의 회선을 통해 계속해서 통신이 가능하다. 그러나 라우터 자체에 장애가 발생한다면 모든 통신이 불가능해진다는 조건이 붙는다. 이 구성으로 할 것인가 말 것인가는 네트워크 장애에 대한 리스크를 어디까지 수용할지에 달렸다.

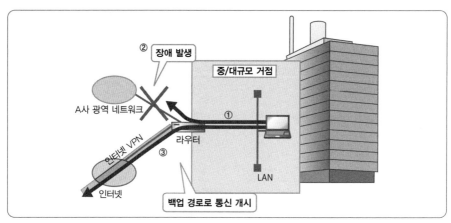

그림 5-26 **한 대의 라우터로 여러 WAN 회선을 보유**

확실히 비용 측면에서 문제가 있지만, 오늘날 네트워크의 의존성을 생각한다면 신뢰성이 높은 네트워크 구성인 '여러 대의 라우터가 각각의 WAN 회선을 보유'를 이상적인 구성으로 검토해 보기 바란다.

Column **건물 내 광 설비**

'WAN 쪽 포트는 어떻게 되어 있을까?'라고 흥미를 가진 사람도 있을 것이다. LAN 쪽은 쉽게 볼 수 있는 기회가 있지만, WAN 쪽은 좀처럼 볼 수 있는 장치가 없다.

라우터 부분에 대해서는 제3장에서 설명했으나, 여기서는 조금 더 심도 있게 건물 내의 '광 설비'를 중점으로 설명하겠다.

구성 개략도

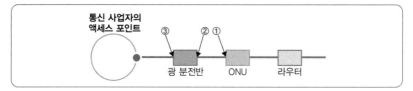

① ONU
② 광 분전반
③ 광 분전반 → 통신 사업자 액세스 포인트로

①은 제3장에서 설명한 ONU에서 본 WAN 쪽의 이야기다. ONU의 'LINE'이라고 명기되어 있는 포트에서 광 케이블을 통해 건물 내에 있는 광 분전반으로 배선된다.

사진 5-7 **ONU의 광 케이블 연결 포트**

ONU에서 광 분전반으로의 배선은 바닥을 통과할 때도 있고 천장을 통과할 때도 있으며, 각 층의 환경에 따라 결정된다.

②는 광 분전반이다. 각 층에 설치되어 있는 ONU에서 오는 광 케이블을 모아 통신 사업자의 액세스 포인트까지 전달한다.

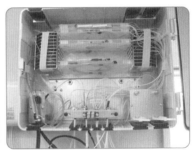

사진 5-8 **광 분전반**
광 분전반은 각 층에서 오는 광 케이블을 모은다(왼쪽). 광 분전반의 내부(오른쪽)

③은 통신 사업자에게 가는 부분이다. 광 분전반에서 건물 내 배선을 통해 통신 사업자의 액 세스 포인트까지 운반된다. 사진은 천장을 통한 배선의 예다.

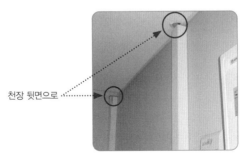

천장 뒷면으로

사진 5-9 **천장–광 분전반**
광 케이블은 천장을 통해 배선되는 경우도 있다.

정리

이 절에서는 다음과 같은 내용을 공부했다.

● 라우터는 간단한 보안 기능으로 패킷 필터링 기능을 가졌다

● 중/대규모 거점의 네트워크에서는 네트워크 신뢰성을 높이기 위해 라우터를 이중화한다

● 이중화에는 다음의 두 가지 방법이 있다

  • 여러 대의 라우터가 각각의 WAN 회선을 보유
  • 한 대의 라우터로 여러 WAN 회선을 보유

보안 초보 입문

네트워크를 누구나 이용할 수 있게 되었고 더욱이 비지니스에서는 없어
선 안 될 존재가 된 지금, 보안 문제를 생각하지 않을 수 없다. 이 장에
서는 네트워크 보안의 기본적인 접근 방법과 범행의 종류, 방화벽, 사내
보안에 대해서 공부한다.

CHAPTER 6

6-1 네트워크 보안 접근 방법

이 절에서는 네트워크 보안에 필요한 시점에 대해 공부하겠다.

지금까지 배운 것으로 현장에서 필요한 네트워크 기술은 대략 이해했다고 여겨도 좋다. 그러나 어디까지나 '대략'인 수준이다.

예전에는 여기까지 설명한 지식으로도 네트워크 장비 업체를 운영할 수 있었다. 그러나 현재의 네트워크는 '연결되어 있는 것이 당연한' 시대가 되었다. 단순히 네트워크가 연결만 되면 된다는 생각에서 한 발짝 더 나아가, 사용자가 안심하고 사용할 수 있는 네트워크를 제공한다는 사고방식이 필요하다. 이른바 **네트워크 보안**이라는 사고방식이 필요한 것이다. 네트워크 장비 업체의 사명은 시대와 같이 변화한 것이다.

그렇다면 네트워크 보안에 대한 사고방식은 구체적으로 어떤 시점을 가지고 있으면 되는 것일까? 크게 다음의 세 가지 시점이 필요하다.

- 보안 전체의 시점
- 네트워크 외부에서의 시점
- 네트워크 내부에서의 시점

이 세 가지 시점을 통해 네트워크 보안을 공부해 보자.

보안 전반의 시점

오늘날에는 정보가 컴퓨터에서 중앙 집중적으로 관리되어 네트워크상에 존재하게 되었다. 이에 따라 부정 행위에 의한 피해가 커지고, 속도도 그 영향도 점차 가속화되고 있다.

그러므로 보안 전반의 시점에서 먼저 '**무엇을 보호할까? 무엇으로부터 보호할까?**'라는 시점을 가지고 네트워크를 관리해야만 한다.

▌ 무엇을 보호할까?

네트워크 전체 구성도를 살펴보며 이 그림의 '**무엇을 보호할까?**'를 생각해 보자.

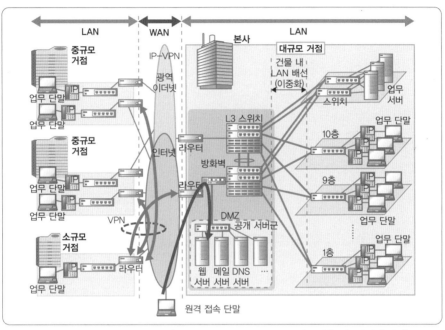

그림 6-1 **네트워크 전체 구성도(무선 LAN은 생략. 무선 LAN의 보안은 제8장에서 설명)**

크게 하드웨어와 소프트웨어로 나눠 생각해 보자. 하드웨어로는 각종 서버가 있는데, 예를 들어 웹 서버나 인증 서버 등 플랫폼이 여기에 속한다.

서버 자체가 다운되면 기업은 업무가 정지되어 아주 큰 피해가 발생한다. 또한, 보호해야 하는 하드웨어로 사용자가 업무에 이용하는 PC도 있다.

한편, 소프트웨어로는 웹 서버나 인증 서버에 등록되어 있는 계정 정보(사용자 ID나 비밀번호)나 노트북에 들어 있는 기업 기밀 정보가 있다. 결국 정보인 것이다.

이 정보가 악의를 가지고 제삼자에게 넘어가거나 P2P의 파일 공유 소프트로 인터넷을 통해 퍼지기라도 하면 매우 곤란하다. 최악의 경우 기업 경영을 위협하는 정도까지 문제가 커질 수도 있다. 그러므로 이러한 정보 유출 사고는 반드시 막아야 한다.

▎무엇으로부터 보호할까?

이번에는 '**무엇으로부터 보호할까?**'라는 것을 두 가지로 구분해 살펴보도록 하자.

- 외부로부터의 범행을 대비
- 내부로부터의 범행을 대비

범행은 '**외부로부터**'와 '**내부로부터**'라는 두 가지 패턴을 생각할 수 있다. 네트워크 보안이라고는 하지만 이 세상에서 일어나고 있는 사건과 거의 같다. 평소에는 외부로부터의 범행이 대부분이지만, 경우에 따라 내부에서 일어나는 경우도 더러 있기 때문이다.

마치 병에 감염되는 것과 같은 이치다. 예를 들어, 학교나 회사에서 감기가 옮거나 집에서 가족에게 감염되는 경우를 생각할 수 있다. 이때 학교의 경우가 외부로부터 감염, 집의 경우가 내부로부터 감염에 해당한다.

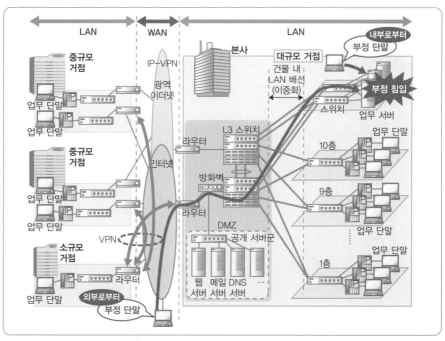

그림 6-2 **무엇으로부터 보호할까?**

다음 절부터 외부와 내부의 범행 패턴에 대해 어떻게 대처할 것인지를 상세하게 공부해 보겠다.

정리

이 절에서는 다음과 같은 내용을 공부했다.

- 지금의 네트워크는 단순히 연결되어 있는 것만이 아닌, 안전성을 확보하고 사용자가 안심하고 사용할 수 있는 환경을 제공한다는 사고방식이 필요하다
- 보안적인 사고방식에서 무엇을 보호할까? 무엇으로부터 보호할까? 라는 시점이 필요하다

CHAPTER 6

6-2 '무엇으로부터 보호할까?' 외부 범행의 대표 예

이 절에서는 외부로부터의 범행에는 어떤 것들이 있는지 공부하겠다.

여기서 말하는 **외부로부터의 범행**은 인터넷 접속에 대한 것이 중심이 된다. 외부로부터의 범행의 대표적인 예는 다음과 같은 것들이 있다.

- 부정 침입
- 정보 도청
- 스푸핑
- DoS 공격
- 컴퓨터 바이러스

▌부정 침입

현실 세계에서의 부정 침입은 독자 여러분의 집에 몰래 무단으로 들어와 집에 있는 서랍이나 금고를 여는 범죄 행위, 즉 도둑질과 같다.

이것을 네트워크로 빗대면 각종 업무 서버나 인증 서버에 허가받지 못한 계정으로 접속하는 것을 **부정 침입**이라고 한다. 예를 들어, 다음 페이지의 네트워크 전체 구성도와 같이 인터넷을 통해 모르는 사람이 기업용 네트워크를 경유하여 업무용 서버 등에 무단으로 침입하는 것이다.

서버 침입뿐만 아니라 최악의 경우, 다른 서버에 들어가기 위한 '중계 서버(중계 지점)'으로 이용되는 사태도 발생한다. 또한, 하드 디스크나 CPU 등의 리소스(자원)를 부정으로 사용하는 일도 생길 수 있다.

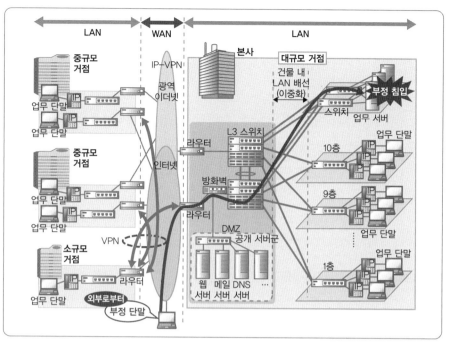

그림 6-3 **부정 침입(외부로부터)**

정보 도청

정보 도청은 '도청기를 사용하여 기밀 자료를 빼낸다.'와 같은 범죄 행동을 떠올리면 된다.

예를 들어, 인터넷망은 불특정 다수의 사람이 사용하고 있는 네트워크다. 때문에 이중에 악의를 가진 사람이 네트워크상의 데이터가 통과하는 것을 기다렸다 가로채 다른 사람의 전자 우편이나 비밀번호, 신용카드 번호 등의 정보를 훔칠 염려가 있다.

스푸핑

'정보 도청'에서 더 나아가게 되면 어떤 일이 발생할까? 부정으로 얻은 다른 사람의 정보를 이용하여 본인 행세를 하고 정보를 남용하는 것을 생각할 수 있다. 이것이 바로 **스푸핑(Spoofing)**이다.

인터넷 세계에서는 통신 상대가 본인인지를 확인하는 것이 어려워 비교적 쉽게 스푸핑이 이루어진다.

'스푸핑'은 통신 분야에 한정된 이야기가 아니다. 예를 들어, 악의를 가진 자가 특정 회사 사원증을 모종의 방법으로 손에 넣었다고 가정해 보자. 그 사원증을 목에 걸고 해당 사원처럼 행세하며 회사에 침입하는 것도 '스푸핑'이다. 또한, 다른 사람의 ID와 비밀번호를 도청하고 서버에 로그인할 때 그 ID와 비밀번호를 사용하는 것도 '스푸핑'에 해당된다.

▌DoS 공격

날마다 여러분의 집에 불필요한 대량의 전단지 또는 물건이 보내진다거나 장난 전화가 계속 걸려 온다면 어떨까? 일상 생활에 지대한 악영향을 끼칠 것이다.

DoS(Denial Of Service) 공격은 네트워크나 서버, 호스트와 같은 단말로 대량의 데이터를 보내는 악질적인 행동으로 네트워크나 서버, 호스트에 부하가 많아지고 정상적인 데이터 처리가 불가능해진다. 이러한 DoS 공격을 DoS 어택이라고도 한다.

구체적으로 다음과 같은 공격 방법이 있다.

- 대량의 액세스 요청으로 호스트나 서버에 부하를 주고 일반 사용자가 액세스할 수 없게 된다
- 스팸(SPAM) 메일로 디스크 자체를 사용하지 못하게 만들거나 서버를 사용할 수 없게 한다

그림 6-4 **DoS 공격**

▌컴퓨터 바이러스

독자 여러분도 인플루엔자에 걸려본 경험이 있을 것이다. 이것은 바이러스에 감염된 상태다. 몸이 나른하고 고열이 나며, 다른 사람에게 옮기도 하고 집에서 외출이 금지되는 경우도 있다. 나쁘게 말하면 주변과 격리된 상태라고 할 수 있다.

컴퓨터상에서의 바이러스도 똑같다. **컴퓨터 바이러스**에는 데이터나 시스템 자체를 파기하고 업무를 못하게 만드는 악질적인 것도 있다. 컴퓨터 바이러스에 감염되면 다음과 같은 증상이 나타난다.

- 컴퓨터 동작 속도가 매우 느려진다
- 시스템 자체가 갑자기 다운되거나 기동되지 않는다
- 대량의 데이터가 네트워크로 전송된다
- 전자 우편에 바이러스가 첨부되어 임의로 송신된다

우리가 자주 걸리는 인플루엔자이지만 나른해지거나 갑자기 고열이 나는 등의 몸의 변화가 발생한다. 이런 자연계의 바이러스와 같은 존재인 것이다.

정리

이 절에서는 다음과 같은 내용을 공부했다.

- 외부로부터의 범행 중 대표적인 예로 다음과 같은 것이 있다
  - 부정 침입
  - 정보 도청
  - 스푸핑
  - DoS 공격
  - 컴퓨터 바이러스
- 각종 업무 서버나 인증 서버에 허가받지 못한 계정으로 무단 접속하는 것을 부정 침입이라고 한다
- 네트워크상에 데이터가 통과하는 것을 가로채 다른 사람의 전자 우편이나 비밀번호, 신용 카드 번호 등의 정보를 훔치는 행위를 정보 도청이라고 한다
- 부정으로 손에 넣은 데이터를 사용하여 본인인 척 정보를 이용하는 것을 '스푸핑'이라고 한다
- DoS(Denial Of Service) 공격은 네트워크나 서버, 호스트와 같은 단말에 많은 데이터를 보내 정상적인 데이터 처리를 할 수 없도록 만드는 행동이다
- 컴퓨터 바이러스는 데이터나 시스템 자체를 파기하고 업무를 할 수 없게 만드는 악질적인 것도 있다. 외부로 감염이 확산되는 점도 일반적인 바이러스와 같다

6-3 외부 범행의 대책

이 절에서는 외부로부터의 범행의 대책에 대해 공부하겠다.

그럼 지금까지 설명한 범행에 대한 네트워크 보안 관점에서 대책을 생각해 보도록 하자. 그런데 외부로부터의 부정 액세스에 대한 원천적인 대책은 무엇일까? 조금만 생각해 보면 정말 단순하고 간단한 방법이다.

그것은 '외부로부터 액세스하지 못하게 만든다.'이다.

즉, 인터넷용 회선을 설치하지 않는 것이다. 사내 인트라넷만을 이용한다면 외부에서의 부정 액세스는 완벽하게 막을 수 있다.

그러나 외부에서 사내 웹 페이지도 보이지 않고 인터넷을 이용한 비즈니스도 할 수 없게 된다. 아무리 안전이 중요하다고 하지만 이런 환경이라면 기업 입장에서는 손실이 더 많을 것이다.

그래서 '외부로부터 액세스하지 못하게 만든다.'를 조금 발전시켜 '외부로부터 사내 네트워크로 직접 액세스하지 못하게 만든다.'라고 한다. 구체적으로는 외부 네트워크(인터넷)에서도 내부 네트워크(사내 네트워크)에서도 격리된 네트워크를 설치하면 된다.

물리적으로 생각해 보자. 다음 페이지의 네트워크 전체 구성도를 살펴보도록 한다. **DMZ(Demilitarized Zone, 비무장 지대)**라고 써 있는 부분이 여기에 속한다.

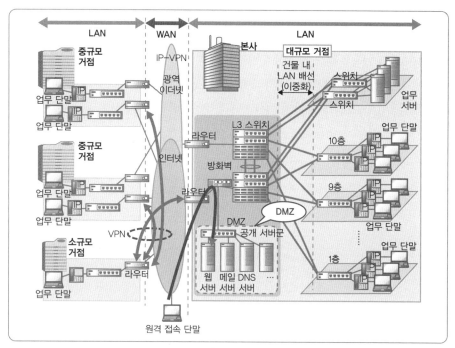

그림 6-5 **DMZ**

▌DMZ는 공개용 서버를 설치하는 전용 공간

한반도에는 군사 경계 지역이 있다. 군사 경계선이란 한반도 전쟁의 역사를 통해 생긴 대한민국(남한)과 조선 민주주의 인민 공화국(북한)을 분단하는 장소를 말한다. 군사 경계 지역 범위로 남북 폭 2km씩(총 4km)의 비무장 중립 지역이 설정된 것을 독자 여러분도 알 것이다.

네트워크 세계에서도 이런 비무장 지대인 DMZ를 설치하는 경우가 있다. 이것은 인터넷에 연결된 네트워크에 외부 네트워크(인터넷)에서도 내부 네트워크(사내 네트워크)에서도 격리된 장소를 설치하기 위해서다. 외부에 공개하는 서버를 여기다 설치하면 외부에서의 부정 액세스를 막을 수 있고, 만약 공개 서버가 악의를 가진 사람에게 탈취당한다고 해도 내부(사내) 인터넷까지 피해를 끼치지는 못한다.

DMZ를 만들기 위해서는 **방화벽**이 필요하다.

방화벽이란?

방화벽은 사내 네트워크와 외부 네트워크의 경계, 즉 접속점으로 데이터의 입출력 제어를 한다. 또한, 외부 네트워크(인터넷)에서도 내부 네트워크(사내 네트워크)에서도 격리된 네트워크인 DMZ를 만들기 위해서는 꼭 필요한 기기다. 방화벽은 다음 세 가지 경계를 가진다.

- 사내 네트워크(또는 신뢰 네트워크라고도 함)
- 외부 네트워크(또는 신뢰할 수 없는 네트워크라고도 함)
- DMZ

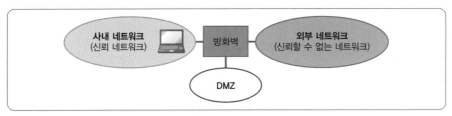

그림 6-6 **방화벽은 세 가지 영역의 경계**

방화벽 타입

방화벽 기능 설명에 들어가기 전, 방화벽 타입에 대해 설명하겠다. 크게 다음 두 가지다.

- 소프트웨어 제품
- 하드웨어 일체형(네트워크 어플라이언스) 제품

소프트웨어 타입 제품에는 범용 하드웨어를 준비하고 방화벽 기능 소프트웨어를 설치하여 사용한다. 여기서 말하는 범용 하드웨어는 서버를 말한다. 윈도우즈용 제품과 리눅스(Linux)/유닉스(UNIX) 기반 제품도 있다.

범용 하드웨어를 사용할 수 있으므로 유휴 장비 등이 있는 경우, 저비용으로도 도입이 가능해 자유도가 높다고 할 수 있다. 그러나 어떤 하드웨어든지 동작하는 것은 아니고 소프트웨어가 지원하는 OS가 탑재된 하드웨어를 준비해야 한다. 또한, 도입 시에 설치 작업과 검증 작업이 필요하다.

그리고 하드웨어 일체형 제품은 **네트워크 어플라이언스(Network Appliance)**라고 한다. 네트워크 어플라이언스 제품은 특정 용도로 제작된 전용 장치를 말한다. 일반적으로 리눅스 등의 서버 OS상에 특정 용도의 소프트웨어를 설치한 박스 형태로 판매되고 있다. 벤더가 가지고 있는 하드웨어와 OS에 방화벽 소프트웨어가 미리 설치된 제품이다. 이 책에서는 이것을 일체형 제품이라고 부르겠다.

사진 6-1 **방화벽(하드웨어 일체형 제품)**

이 제품은 OS 자체도 벤더 독자적인 OS를 사용하고 있어 소프트웨어 타입과 비교하면 자유도는 떨어진다. 그러나 일체형이기 때문에 기기 도입 작업이 간단하다.

방화벽의 주요 기능

방화벽의 주요 기능은 다음 세 가지가 있다.

- 액세스 제어(필터링)
- 주소 변환
- 로그 수집

▌액세스 제어(필터링)와 주소 변환

방화벽으로 **액세스를 제어**(필터링이라고도 함)함으로써 악의적인 부정 액세스로부터 사내 네트워크를 보호한다. 도로에서 교통을 통제하는 움직임과 같다고 생각하면 된다.

예를 들어, 공사 현장을 지나려고 하면 현장 관계자가 '현장 관계자 차량 외에는 들어 갈 수 없다(일반 차량은 지날 수 없다).'고 하는 바람에 강제로 우회하여 지나간 경험이 있을 것이다. 이와 같이 특정 패킷은 허가하지만, 그 이외의 패킷은 허가하지 않는다는 통신상의 교통 통제다.

통신 액세스 제어는 단순히 데이터의 방향(입출력)을 제어하는 것이 아니다. IP 주소나 프로토콜, 포트 번호를 지정하여 특정 패킷만을 허용하는 상세한 제어 설정이 이루어진다. 기본적인 필터링 예제는 다음과 같다.

① 사내 네트워크 → 외부 네트워크
   사내에서 허락된 애플리케이션 패킷만 통과 허가

② 외부 네트워크 → 사내 네트워크
   사내에서 허가된 애플리케이션으로 사내 네트워크에서 외부 네트워크로 송신되었다가 다시 돌아오는 패킷만 통과 허가

③ 외부 네트워크 → DMZ
   공개 서버의 애플리케이션 패킷만 통과 허가

④ DMZ → 외부 네트워크
   공개 서버의 애플리케이션에 송신되었다 다시 돌아오는 패킷만 통과 허가

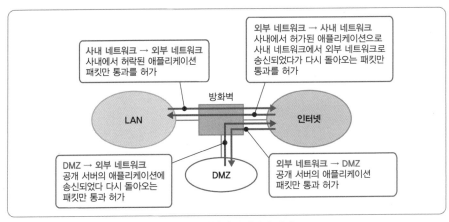

그림 6-7 기본적인 필터링 예제

또한, 방화벽은 **주소 변환 기능**도 가지고 있어 사설 주소와 공인 주소를 변환함으로써 사설 주소인 사내 IP 주소를 감추는 역할도 한다.

로그 수집

로그(통신 기록)의 수집이나 감시를 통해 부정 액세스에 대한 원인 분석이나 해석이 이루어진다. 예를 들어 의심되는 액세스 추적, 특정 사용자의 행동 이력의 검색 등에 이용할 수 있다. 또한, 내부 통제나 보안 대책 등에 필요한 서버 액세스 이력의 수집이나 보관도 이루어진다.

'무엇이 문제였는가? 왜 이런 문제가 발생했는가?'는 네트워크 관리자에게 있어서 반드시 실태를 파악해 두어야 하는 사항이기 때문이다.

Column **공개용 서버의 데이터베이스 서버는 DMZ에 설치하지 않는다**

중요한 데이터베이스는 신뢰 네트워크(트러스티드 존(Trusted Zone)이라고도 함)에 설치하는 것이 원칙이다. 여기서 말하는 중요한 데이터베이스란 고객 정보, 즉 서버에 접속하는 사용자의 계정 정보다. 또한 신뢰 네트워크는 외부에서 직접 액세스하는 것을 허가하지 않는 구역이다. 구체적으로는 사내 네트워크를 생각하면 좋을 것이다.

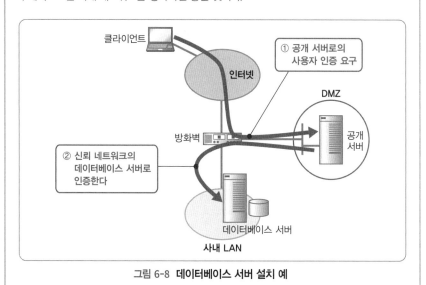

그림 6-8 데이터베이스 서버 설치 예

IP 주소가 집 주소에 비유된 것처럼 포트 번호는 방문에 비유된다.

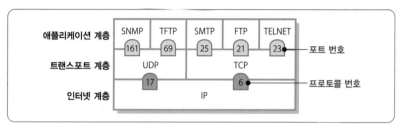

그림 6-9 여러 가지 프로토콜과 포트 번호

인터넷 계층[주1]에서 그림의 TFTP 방으로 가기위해서는 먼저 UDP(17번) 문을 열어야만 한다. 그 문을 열게 되면 UDP 방에는 작은 방이 몇 개 더 존재하는데, 예를 들면 SNMP나 TFTP의 방이다. TFTP 방으로 가기 위해서는 69번 문을 열어야 한다. 그래야 TFTP 방에 도착할 수 있다. TCP의 SMTP나 TELNET을 사용하는 경우에도 같으며, 정해진 번호를 찾아간다.

위와 같이 UDP와 TCP는 애플리케이션 계층에 정보를 전달하기 위해 포트 번호를 사용한다. 다시 말해 포트 번호는 애플리케이션 계층과 트랜스포트 계층을 대응시키기 위한 것이다.

포트 번호 0~1023은 웰 노운 포트(well known port, 잘 알고 있는 포트)라고 불리며, 일반적인 애플리케이션 계층 서비스에 할당되어 있다. 게다가 그림 6-9는 대표적인 포트 번호만을 나타내고 있다. 실제 www는 80번, POP3는 110번과 같이 많은 프로토콜이 존재한다.

방화벽에도 한계는 있다

방화벽을 도입해도 모든 범행에 대한 특효약이 될 수는 없다. 여기서는 방화벽의 한계에 대해 설명하겠다.[주1]

- 컴퓨터 바이러스
- 사내 네트워크(내부)로부터의 공격

첫 번째인 컴퓨터 바이러스에 대한 내용은 외부적인 요구도 포함하지만, 기본적으로

주1 OSI 기본 참조 모델과 비슷한 네트워크 모델로 TCP/IP 모델이 있다. 인터넷 계층은 TCP/IP 모델의 제2계층으로 OSI 기본 참조 모델의 네트워크 계층에 해당된다. 네트워크를 생각하는 데 기본이 되는 것은 OSI 기본 참조 모델이지만, TCP/IP 네트워크 기기나 프로토콜은 실제 TCP/IP 모델을 준수하고 있다.

'네트워크의 내부적인 문제에 약하다'고 말할 수 있다.

시점을 네트워크 내부로 약간 옮겨 설명하겠다.

▌ 백신 주입

착각하는 사람이 있을 것 같은데 컴퓨터 바이러스는 방화벽 도입만으로는 막을 수 없다. 특히, 메일에 첨부되어 보내진 바이러스는 방화벽으로만으로는 더더욱 검출해 낼수 없다.

그렇다면 컴퓨터 바이러스를 막기 위해 어떻게 해야 좋을까?

인플루엔자의 경우 예방 접종으로 백신을 주입한다. 컴퓨터 바이러스 경우도 사고방식은 같다. 백신을 PC나 서버에 주입하는 것이다. 이 때 백신에 해당하는 것은 PC를 컴퓨터 바이러스 감염으로부터 예방하거나 바이러스에 감염된 PC에서 바이러스 자체를 제거하는 소프트웨어다. 이것을 **바이러스 대책 소프트**, 또는 안티 바이러스 소프트라고한다.

소규모 네트워크나 일반 가정의 경우는 PC에 바이러스 대책 소프트를 설치하면 되지만, 중/대규모 네트워크에서는 그럴 수 없다. 관리 대상 PC가 수십 대, 대규모 네트워크에서는 수천 대가 되기 때문이다. 또한, 각 사용자가 바이러스 정보 등의 업데이트를하지 않으면 네트워크 전체가 신종 바이러스에 대응할 수 없으므로 예방하는 의미가사라진다. 예를 들어, 회사나 학교에서도 한 명이 인플루엔자에 걸리면 점차 주위로 퍼진다. 네트워크에서도 일부 PC가 감염되면 순식간에 전체 네트워크에 퍼지게 된다.

네트워크 관리자는 사용자가 정기적으로 업데이트하도록 만들어야 한다. 그러나 현실에서는 이렇게 하는 것이 매우 비효율적이며, 대상 인원이 많아지면 많아질수록 공지하는 데도 한계가 있다. 그렇다면 어떻게 해야 좋을까?

해결책은 각 PC에 백신을 설치하지 않고 네트워크 전송로에 바이러스 대비 전용 네트워크 어플라이언스 제품을 도입하는 것이다. 전용 장치를 도입하게 되면 백신 데이터를 자동 갱신하는 구조를 제공할 수 있다.

➡ 이런 제품을 보안 어플라이언스라고 한다.

최근에는 인터넷 발전에 따라 전자 우편 등을 통해 바이러스에 감염되기가 더욱 쉬워졌다. 그래서 바이러스 감염을 보다 빨리 감지하고 각 PC에 백신을 자동으로 재빨리 배포하는 구조가 요구되는 추세다.

▌ 사내 네트워크(내부)로부터의 공격

방화벽은 인터넷(외부)의 공격으로부터 사내 네트워크를 보호하기 위한 기술이다. 고로 사내 네트워크인 내부의 공격을 막아낼 방법은 전무하다.

바꿔 말하면 방화벽은 **자신을 경유하지 않는 통신**에 대해서는 제어가 불가능하다. 때문에 사내 네트워크 어딘가에 외부에서 침입할 수 있는 곳이 존재하고, 그곳에서 부정 액세스가 발생할 때는 그 어떤 대처도 할 수 없다. 집 현관에 열쇠나 감시 카메라가 붙어 있어도 베란다 문이 열려 있다면 얼마든지 도둑이 간단히 침입할 수 있는 것과 같다. 그래서 네트워크 관리자는 넓은 시야를 가지고 보안 대책, 관리를 해야만 한다.

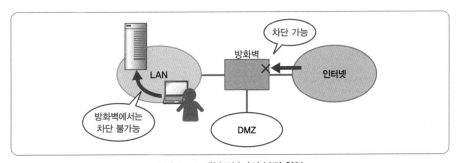

그림 6-10 **내부로부터의 부정 침입**

> **참고**
>
> 앞에서 설명했듯이 최근에는 사내 인원이 중요한 데이터를 가지고 나가는 상황도 고려해야 한다. 보안 대책, 관리에 있어서 사용자에 대한 엄격한 처벌과 교육, 개인의 도덕성 향상 등 계속적인 활동을 해야만 한다는 것도 항상 염두에 두길 바란다.

⌗ 정리

이 절에서는 다음과 같은 내용을 공부했다.

- 인터넷에 연결된 인터넷에서 외부 네트워크(인터넷)로부터도, 내부 네트워크(사내 네트워크)로부터도 격리된 장소로 DMZ(비무장 지대)를 설치하는 경우가 있다. 외부에 공개된 서버는 DMZ에 설치한다

- 방화벽은 사내 네트워크와 외부 네트워크의 경계로 데이터의 입출력 액세스 제어를 한다. 방화벽은 DMZ를 만들기 위해서 반드시 필요한 기기다

- 방화벽은 주요 기능은 다음의 세 가지다
  - 액세스 제어(필터링)
  - 주소 변환
  - 로그 수집

- 방화벽은 모든 범행을 막는 특효약이 아니며, 다음 두 가지는 방화벽에서 대처할 수 없다
  - 컴퓨터 바이러스
  - 사내 네트워크(내부)로부터의 공격

6-4 '무엇으로부터 보호할까?' 내부 범행에 대비

이 절에서는 내부로부터의 범행에 대한 대책에 대해 공부하겠다.

지금까지 설명한 것과 같이 최근에는 **내부**라는 측면에서도 네트워크 보안 대책을 세워 두어야만 한다. 그 이유는 다음과 같이 기업에서의 환경이 날마다 변화하고 있기 때문이다.

- 네트워크를 사용하는 사람이 증가했다
- 정사원 이외의 사람도 같은 사무실에서 일을 하게 되었다
- 정보의 가치가 높아졌다

내부로부터의 범행

내부에서도 외부와 같은 범행이 발생할 수 있다.

- 부정 침입
- 정보 도청
- 스푸핑
- 정보 유출
- 컴퓨터 바이러스

다음 페이지의 네트워크 전체 구성도의 '부정 단말'이라고 쓰여 있는 곳(오른쪽 위의 대규모 거점 내)을 살펴보도록 하자.

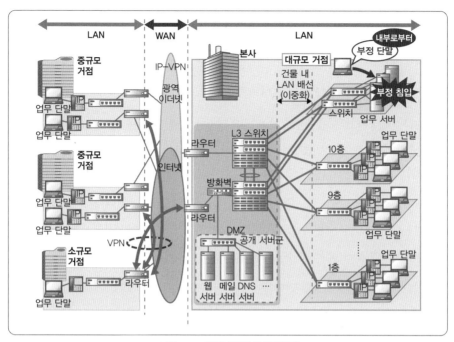

그림 6-11 **부정 침입(내부로부터)**

부정 침입은 각종 업무 서버나 인증 서버에 허가받지 않은 계정 권한으로 부정 액세스를 하는 행동이다. 내부 침입도 외부로부터의 범행과 본질적으로 같다.

가장 차이가 나는 점은 '침입할 때 인터넷망을 경유하여 방화벽을 통과하느냐 하지 않느냐'다. 예를 들어 내부로부터의 범행인 경우, 부정 단말이 기업 내의 LAN에 직접 액세스하고 업무용 서버 등에 무단으로 침입한다.

그러나 외부로부터의 범행의 경우, 인터넷 경유로 방화벽을 통해 침입했다. 이와 비교하면 사내 관계자가 사내 네트워크에 쉽게 액세스할 수 있고 기밀성이 높은 업무 서버에도 액세스 가능하다는 것을 떠올릴 수 있을 것이다.

그 외에 '정보 도청', '스푸핑', '정보 유출', '컴퓨터 바이러스'도 같다. 외부로부터의 범행과 다른 점은 침입 경로가 방화벽을 통과하느냐, 하지 않느냐다.

그럼 내부로부터의 범행에 대한 대책을 살펴보도록 하자.

사용자 인증

'케이블을 연결하면 바로 사내 네트워크에 액세스 가능'

편리하겠지만 정말 이렇게 해도 괜찮을까?

법인이나 기업용 네트워크에서는 기업 기밀 정보나 개인 정보 등, 외부에 노출되면 안 되는 정보가 많다. 보다 안전한 네트워크를 사용하기 위해서는 적어도 '누가 네트워크를 사용하는가'라는 본인 인증이 필요하다. 그래서 **사용자 인증**이라는 개념이 필요해진다.

사용자 인증은 사용자 ID나 비밀번호를 사용한 사용자 인증 방식으로 사용자 ID와 비밀번호의 조합으로 본인 인증을 한다. 이 본인 인증을 통과한 사용자만이 네트워크에 접속할 수 있도록 하는 것이다.

그러기 위해서는 **인증 서버**를 네트워크상에 설치해야만 한다. 인증 서버와 PC 간의 대략적인 통신은 다음과 같다.

① PC에서 웹 브라우저를 기동하고 지정된 URL을 이용해 네트워크에 접속한다
② 사용자 ID와 비밀번호로 인증한다
③ 인증에 성공하면 정식 사용자로 인정되고 인증 성공 화면이 PC에 출력된다
④ 인증된 PC는 사내 네트워크에 접속할 수 있게 된다

이것이 대략적인 인증 절차다. 또한, 외부에서도 내부에서도 사용자 인증의 개념 자체는 같다.

네트워크에서 사용자를 인증하는 방법에는 크게 두 가지가 있다.

- 인증 서버를 통한 인증
- 네트워크 기기를 통한 인증(로컬 인증)

▎ 인증 서버를 통한 인증

인증 서버는 사용자 정보를 일원 관리하는데, 네트워크에 접속하고 있는 단말에서 요청이 있을 경우 저장된 사용자 정보의 ID와 비밀번호를 이용하여 인증하는 시스템이다.

인증 서버를 구축하는 경우는 다음 세 가지가 있다.

- 다수의 사용자를 관리해야 한다
- 등록한 사용자별로 상세한 권한을 설정해야 한다
- 사용자가 액세스를 시작한 시각이나 로그아웃 시각 등의 로그를 남겨야 한다

네트워크 규모가 커지면 커질수록 사용자가 많아지고 상세한 설정이 필요해진다. 누가 얼마만큼 네트워크에 액세스했는지 기록해야 하기 때문이다. 이와 같은 경우에 반드시 인증 서버를 네트워크상에 설치해야만 한다.

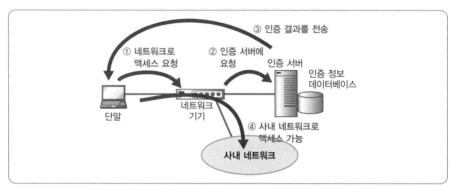

그림 6-12 **인증에 따른 부정 사용자 침입 방지(인증 서버)**

▌ 네트워크 기기에 의한 인증(로컬 인증)

또 하나의 방법은 네트워크 기기 자체가 가지고 있는 인증 데이터베이스로 인증을 하는 방법이다. 여기서 말하는 네트워크 기기는 라우터나 스위치를 말한다. 각 장치에 컨피그레이션으로 설정 가능하며 저비용으로 도입할 수 있어, 소규모 거점 네트워크에 적합하다.

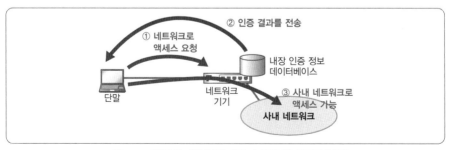

그림 6-13 **인증에 따른 부정 사용자 침입 방지(로컬 인증)**

정보 데이터 암호화

지금까지 몇 가지 보안 대책에 대해 설명했지만, 실제 네트워크 보안만으로 정보 자산을 완벽히 보호하는 것은 힘들다. 때문에 네트워크 관리자로써는 최악의 경우를 고려한 대책이 필요하다. 그럼 대체 어떻게 하면 좋을까?

방법은 중요한 정보를 암호화하고 정보 자체에 액세스 컨트롤하는 것이다.

기업의 중요한 정보, 예를 들어 기밀 정보가 제삼자의 손에 들어가더라도 사용할 수 없도록 하면 된다. 그러기 위해서는 데이터(파일)를 암호화하는 것이 가장 효과적이다. 암호화 소프트를 사용하여 파일을 암호화하고, 사용자 인증을 통해 파일을 복호화하지 않으면 데이터를 읽을 수 없게 하는 것이다.

물리 보안

네트워크 기기나 서버는 기업에 있어서 중요한 자산이다. 특히 고객 정보가 저장되어 있는 데이터베이스 서버는 그 무엇보다 중요하며, 데이터베이스 서버는 대부분 서버룸 안에 존재한다.

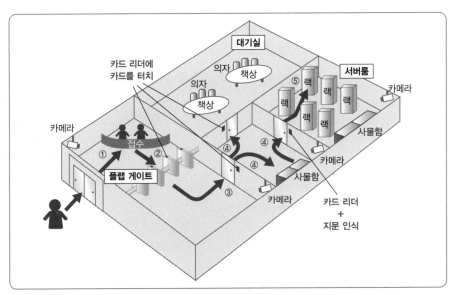

그림 6-14 **물리 보안**

이와 같은 상태를 기초로 하여 네트워크 관리자는 서버룸 입장 허가자를 명확히 하고, 비허가자의 침입을 막아야만 한다. 그러기 위해서라도 전체적인 물리 보안을 고려해 두는 것이 효과적이다.

그림 6-14는 전형적인 물리 보안 개념을 나타낸 것이다. 입관자는 각 구역의 물리적인 보안 인증을 거치게 된다.

▋ 제1관문 ① 종합 접수

방문자는 입관하기에 앞서 사전 등록 여부를 확인한다. 등록 정보가 있다면 보안 카드(각 구역에 들어가기 위한 인증 카드)를 받아 플랩 게이트로 이동한다. 사전 등록을 하지 않았다면 접수처에서 접수를 하고 관계자에게 확인을 받는다. 참고로 입관자의 행동은 항상 카메라로 감시되는 중이다.

그리고 사내 관계자이자 건물에 상주하는 사람이라면 당연히 종합 접수가 필요 없다. 제2관문인 플랩 게이트에서 인증 절차가 시작된다고 생각하면 된다.

▋ 제2관문 ② 플랩 게이트

건물 내로 들어가려면 플랩 게이트를 통과해야 한다. 플랩 게이트는 접수처에서 받은 보안 카드를 터치하면 인증이 이루어지고 문이 열린다. 보안 카드가 없는 사람은 들어갈 수 없다.

> **참고**
>
> 플랩 게이트를 발전시킨 기능으로서 사원이 플랩 게이트 인증을 하는 것으로 출근 체크를 대체하는 제품도 있다. 즉, 그 시점에 타임 카드가 기록되는 것이다.
>
> 이렇게 함으로써 근태 관리도 가능하고 언제, 누가, 어디에서 건물로 들어왔는지를 파악하여 하나로 관리할 수 있다.

▋ 제3관문 ③ 카드 리더

관내에 들어오기 위해 보안 카드를 출입문 카드 리더에 터치하여 인증을 한다. 인증에 성공하면 문이 열린다.

참고

보안 카드는 방문할 층 전용(5층에 간다면 해당 층에서만 문이 열린다.)으로 발급하는 것이 기본
이다. 다른 층으로 가려면 접수처에 다시 가서 절차를 밟아야 한다.

이전에는 연말연시가 되면 영업 사원의 거래처 방문이 많아지기 때문에 접수에 혼란을 피
하기 위해 기업에서도 방문자에게 연말연시 인사는 자제할 것을 요구하는 일도 늘어났다.
어떤 의미에서는 합리적이라고 할 수 있지만, 기업 문화의 변화를 가져오는 다른 측면의 영
향도 생각해볼 수 있다.

▌제4관문 ④ 카드 리더(각 구역)

관내에 들어오면 이번에는 원하는 구역에 들어가기 위해 입구에서 보안 카드를 카드
리더에 터치하여 인증한다. 또한, 서버룸에 들어가는 경우는 문 쪽에 있는 사물함에
짐들을 보관하게 된다. 작업에 필요한 것 이외에는 서버룸에 반입할 수 없다.

카메라가 내장되어 있는 핸드폰, 스마트폰은 물론 가방도 안 된다. 꼭 가지고 들어가야
할 경우에는 반드시 사전에 신청해야 한다. 가지고 들어갈 서류는 클리어 파일에 넣어
서버룸에 설치되어 있는 카메라에서 확인할 수 있도록 한 뒤 안으로 반입할 수 있다.

서버룸에 입실할 때 문에 있는 카드 리더의 인증과 함
께 지문 인증을 한다. 지문 인증은 미리 등록한 사람
만이 이용할 수 있다. 오직 제한된 인원만이 서버룸에
들어갈 수 있는 것이다.

사진 6-2 **지문 인증**

▌제5관문 ⑤ 랙 잠금

서버룸에 들어가 목적지인 랙으로 간다. 이번에는 랙의 자물쇠를 열어야 한다. 19인치
랙은 보안 관계상 열쇠로 잠겨 있기 때문이다. 그 열쇠를 열어 관리하고 있는 기기를
이용해 작업하게 된다.

참고

데이터 센터나 서버룸에 따라 장치에서 발생하는 열을 고려하여 랙의 문을 열어 두는 경우
도 있다.

내부 보안에 대해서는 네트워크 기기에 따른 사용자 인증도 중요하지만, 근본적인 물리적 측면에서의 인증도 필요하다는 것을 이해하기 바란다.

정리

이 절에서는 다음과 같은 내용을 공부했다.

- 내부(사내)로부터도 다음과 같은 범행이 발생할 수 있다
  - 부정 침입
  - 정보 도청
  - 스푸핑
  - 정보 유출
  - 컴퓨터 바이러스

  외부로부터의 범행과 다른 점은 침입하는 경로가 방화벽을 통과하느냐 하지 않느냐다

- 내부 네트워크를 보호하기 위해서 '누가 네트워크를 사용하는가?'라는 본인 인증(사용자 인증)이 필요하다

- 네트워크에서 사용자를 인증하는 방법은 크게 두 가지가 있다
  - 인증 서버를 통한 인증
  - 네트워크 기기를 통한 인증(로컬 인증)

- 기밀 정보를 제삼자에게 도난당하는 최악의 사태를 방지하기 위해 데이터(파일)를 암호화하는 것이 가장 효과적인 방법이다

- 서버룸의 출입 허가를 명확히 하고, 비허가자의 침입을 막아야 한다. 그러기 위해서 전체적인 물리 보안을 고려해 두는 것이 더욱 효과적이다

6-5 고도화 네트워크 활용에 대응

이 절에서는 UTM과 차세대 방화벽의 특징에 대해 공부하겠다.

지금까지 네트워크 보안의 기본에 대해 설명했다. 이 장의 마지막으로서 현재의 새로운 네트워크 보안 과제와 그에 대한 대책을 설명하겠다.

방화벽에서 UTM으로

최근에는 바이러스나 스팸 메일, 피싱 사기, DoS 공격 등 여러 공격에 대응하는 것이 당연한 시대가 되었다. 여기에 사용되는 것이 외부로부터의 침입을 검지하는 **IDS(Intrusion Detection System, 침입 탐지 시스템)**와 침입 탐지에서 더 나아가 차단 기능을 가진 **IPS(Intrusion Prevention System, 침입 방지 시스템)**, 바이러스 대책, 스팸 대책을 마련하기 위한 제품이다. 이것들은 방화벽과 달리 패킷 헤더 부분뿐만 아니라 데이터 부분의 내용도 확인하며, 부정 데이터라고 판단된 패킷을 차단한다.

네트워크 보안 구성은 방화벽에 위의 기능을 제공하는 여러 장치를 연계하여 운용하는 것이 일반적이다. 통신 사업자, 대기업이나 대규모 네트워크에서는 대부분 이런 구성을 가지고 있다.

그러나 한편으로 이런 구성에서는 대책 기능별로 제품 벤더가 다르다면 여러 관리 콘솔을 사용해야만 한다. 때문에 각 장치의 기능 상세 상태를 파악하는데 시간과 인력이 낭비된다. 이 장치를 관리하는 기술자에게도 인재를 관리하는 조직에게도 네트워크 보안상의 큰 '함정'이 된다.

그래서 등장한 것이 **UTM(Unified Threat Management, 통합 위협 관리)**이다. UTM은 방화벽과 VPN 기능을 기반으로 안티 바이러스, 부정 침입 방지, 웹 콘텐츠 필터링과 같은 여러 보안 기능을 통합하여 일원 관리할 수 있는 장치를 말한다.

➡️ 실제 현장에서는 도입을 검토하는 것은 중견/중소기업이나 중규모 네트워크가 대부분이다. 중견/중소기업에서는 도입 장점을 누리기가 쉽기 때문이다. 특히 '중견/중소기업에서는'이라는 말에 어폐가 있을지도 모르겠으나, 우수한 기술자 확보와 비용 측면에서 IT 투자에 대한 부담이 크다는 사정이 있다.

UTM은 한 대에 여러 보안 기능을 집약하여 설정이나 관리 작업을 단순화하고 도입도 간단하며 저비용으로 구현이 가능하다. 반면, 한 대에 여러 기능이 집약됨으로 인해 개별 기능 및 성능을 비교하면 UTM보다도 단체 제품(기능)별 구성이 성능 및 확장성이 높거나 사용자의 요구에 따라 세부적인 보안 기능을 사용하는 경우가 많은 건 확실하다.

애플리케이션 제어 시대로

애플리케이션 이용 형태가 크게 변화

최근 애플리케이션 이용 형태가 크게 변화해 특히 웹 브라우저를 이용한 여러 애플리케이션(**웹 애플리케이션**)이 계속 증가하고 있다. 예를 들어 블로그나 페이스북, 트위터 등의 SNS는 여러분들에게도 친숙할 것이다. 게다가 IM(인스턴스 메시지), 비디오 스트리밍, 온라인 게임은 **HTTP**를 사용하고 있다.

이러한 상황에 대해 포트 기반으로 액세스 제어를 실시하는 기존 형태의 방화벽에서는 대응할 수 없게 되었다. 예를 들어 웹을 보기 위해 TCP 프로토콜인 포트 80번(http)과 443번(https)을 허가한 경우, 같은 포트를 사용하는 웹 애플리케이션을 차단하는 것은 불가능하다. 또한, SSL로 암호화된 트래픽에 대해서는 그 트래픽이 도대체 어떤 것인지 판단할 수가 없다.

그림 6-15 페이스북이나 유튜브 등, 웹 브라우저를 사용한 애플리케이션은 기존 방화벽으로으로 제한할 수 없음

▌애플리케이션의 '필요'와 '불필요'의 판단은 사용자나 조직에 따라 다르다

이와 같은 상태에서 네트워크를 관리하는 사람은 다음과 같은 것을 파악해 두어야한다.

- 네트워크상에서 어떤 애플리케이션이 사용되고 있는가?
- 네트워크의 어떤 장소에서 많은 대역이 사용되고 있을까? 또 많이 사용하는 헤비 사용자는 누구일까?
- 어떤 나라에서 들어오는 트래픽일까?(미국? 중국? 북한?)

그림 6-16 네트워크 내부를 파악하고 있나?

위의 내용을 파악하고 있다면 추가로 생각해야 할 문제가 또 있다. 그것은 '**어떤 애플리케이션을 허가해야 하는가**'라는 것이다.

예를 들면 유튜브나 스카이프(Skype), 트위터 등이 있다. 스카이프는 원래 일반인 대상으로 퍼졌지만, 지금은 기업에서도 간이 메시지 도구로서 깊숙이 침투하고 있다. 또한, 스카이프나 트위터는 동일본 지진 직후 대활약을 한 사례도 있다. 지진 직후 휴대 전화가 잘 연결되지 않아 핸드폰 메일의 송수신 지연이 크게 발생하였다. 이때, 지진 직후 통신 수단으로서 스카이프나 트위터를 가장 안정적으로 사용할 수 있었다. 그때 스카이프나 트위터는 단순히 아는 사람과 대화하는 용도를 넘어서 가족과 동료, 부모님의 생존을 확인하는 등에도 사용할 수 있는 사회적으로도 중요한 위치에 있다고 느끼지 않았을까?

이런 부분을 생각해 보면 기업 네트워크를 관리하는 사람의 입장에서 기업에서 사용해도 좋은 애플리케이션이 어떤 것일지 판단하기 무척 어려운 시기라고 할 수 있겠다.

기업에서 가지고 있는 고민은 많겠지만 대부분 아래의 세 가지로 정리할 수 있다.

- 유튜브나 페이스북, 업무에 필요 없는 애플리케이션, P2P 파일 공유 소프트 등 보안상 위험한 애플리케이션만을 금지하고 싶다
- 사내 개발 부서나 일반 사원, 네트워크 관리 부서 등 부서별로 사용 가능한 애플리케이션을 제어하고 싶다
- 원래 사내 네트워크상에서 사용되는 애플리케이션 데이터나 이용 상태를 시각적으로 파악하고 싶다

결국 현대의 네트워크를 보호하기 위해서는 애플리케이션 레벨의 식별과 제어가 필요하게 된 것이다.

차세대 방화벽에서는?

그럼 현대의 네트워크를 보호하기 위해 어떻게 하면 될까?

그래서 등장한 것이 **차세대 방화벽**이다. 차세대 방화벽은 웹 애플리케이션의 가시화와 제어가 가능하다. 그래서 웹을 허가한 상태에서 같은 포트를 사용하는 웹 애플리케이션의 식별과 제어를 할 수 있다. 구체적으로는 업무에 관계없는 페이스북이나 유튜브는 통과하지 못하지만 웹 액세스는 통과하는 검지나 차단을 할 수 있고 세밀한 운용 관리를 할 수 있게 되는 것이다.

실제 차세대 방화벽 제품은 벤더에 따라 요건이나 개념이 다른 부분이 있지만, 대표적인 특징은 다음의 다섯 가지로 나눌 수 있다.

① IP 주소뿐만 아니라 사용자나 그룹(조직) 단위로 구별할 수 있다

② 포트 번호나 프로토콜이 아닌 애플리케이션으로 식별할 수 있다

③ 애플리케이션과 함께 통과하는 위협이나 중요 데이터를 실시간으로 검지하고 방어할 수 있다

④ 애플리케이션의 우선순위를 결정할 수 있다

⑤ 사용자의 애플리케이션 이용 상황의 가시화와 액세스 제어를 실현할 수 있다

그리고 차세대 방화벽의 동작은 크게 다음의 세 가지로 이루어진다.

- 식별
- 분류
- 제어

먼저 애플리케이션을 **식별**한다. 앞의 특징 ①과 ②가 여기에 해당한다. 다음은 **분류**다. 분류는 각 기업에서 결정한 보안 정책에 따라 이루어진다. 그리고 마지막으로는 **제어**다. 특징 ③~⑤가 이에 속한다.

이와 같은 동작이 차세대 방화벽의 장치 내부에서 이루어진 후, 그 다음 네트워크로 전달된다.

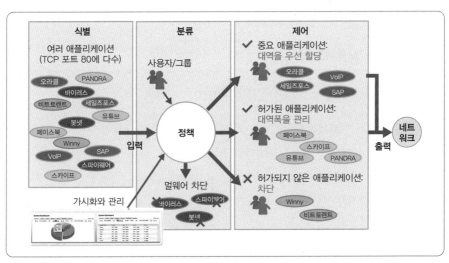

그림 6-17 **차세대 방화벽 동작**

표적형 공격은 기존에 알려진 취약성을 찌른 공격이나 DoS 공격과는 다른 명확한 목적을 가지고 이루어지는 사이버 공격이다.

특정 개인이나 조직에 대해 기업 정보나 금전의 부정 취득, 혹은 방해 등을 목적으로 기존의 보안 대책으로는 대응할 수 없는 교묘한 공격을 가한다.

예를 들어, 특정 타겟(이하 '표적')에 대해 이해관계자로부터 보내졌다 착각할 만한 뉘앙스의 전자 메일을 보내 URL을 클릭하도록 유도해 부정 서버에 액세스하게 만들어 단말을 바이러스에 감염시킨다. 또는 표적이 이용하는 웹 사이트를 부정 조작하거나 부정한 사이트로 유도하여 단말의 취약성을 노린 데이터를 빼내곤 한다.

바이러스에 감염된 단말은 개인 정보나 기밀 정보를 빼내거나, 네트워크상의 다른 단말에의 감염원이 되거나, 부정행위를 실시하기 위한 발판이 되기도 한다.

표적형 공격에 사용된 메일이나 미지의 취약점을 노린 공격, 미지의 멀웨어는 기존의 보안 대책을 피해 조직 내의 네트워크에 침입한다.

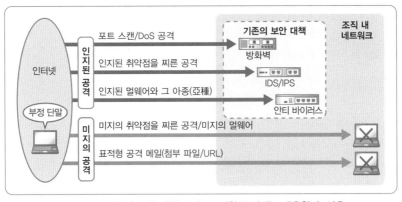

그림 6-18 **기존의 보안 대책으로는 표적형 공격에는 대응할 수 없음**

이를 방어하기 위해 사용하는 것이 표적형 공격 대책 보안 어플라이언스다. 이것은 표적형 공격 메일이나 미지의 취약성을 노린 공격 또는 멀웨어에 대응한 제품으로 이후의 보안 대책으로서 빼놓을 수 없는 것이 되었다.

표적형 공격 대책 보안 어플라이언스의 설정 방법은 크게 다음 두 가지가 있다.

- 탭 모드
- 인라인 모드

탭 모드는 웹 클라이언트로부터 프록시 서버에 흐르는 웹 통신을 복사해 표적형 공격 대책 보안 어플라이언스로 통신을 해석한다. 반면 인라인 모드는 웹 클라이언트로부터 프록시 서버의 사이에 기기를 설치하여, 이를 통과하는 웹 통신을 감시한다.

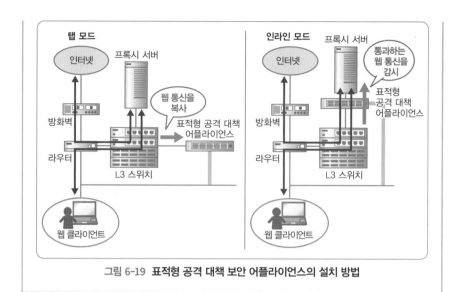

그림 6-19 **표적형 공격 대책 보안 어플라이언스의 설치 방법**

정리

이 절에서는 다음과 같은 내용을 공부했다.

- UTM은 방화벽을 발전시킨 기기로 IDS나 IPS, 바이러스 대책, 스팸 대책 등 보안 기능을 통합한 제품이다. 또한 VPN 기능도 가지고 있는 제품도 많아 한 대로 인터넷 접속, 그리고 외부로부터의 보안 대책까지 일원 관리가 가능하다

- 차세대 방화벽이 탄생하고 애플리케이션 단위로 부정 데이터 검지나 차단이 가능하게 되었다

- 차세대 방화벽의 대표적인 특징은 다음의 다섯 가지다

  ① IP 주소뿐만 아니라 사용자나 그룹(조직) 단위로 구별할 수 있다
  ② 포트 번호나 프로토콜이 아닌 애플리케이션으로 식별이 가능하다
  ③ 애플리케이션과 함께 통과하는 위협이나 중요 데이터를 실시간으로 검지하고 방어할 수 있다
  ④ 애플리케이션의 우선순위를 결정할 수 있다
  ⑤ 사용자의 애플리케이션 이용 상황의 가시화와 액세스 제어가 실현 가능하다

- 차세대 방화벽의 동작은 크게 다음 세 가지로 이루어진다

  ① 식별   ② 분류   ③ 제어

VoIP 초보 입문

VoIP(Voice over IP), 즉 IP를 사용한 음성 데이터 통신은 음성 품질의 확보 등을 위해서 네트워크에 새로운 기능을 요구하는 추세다. 게다가 VoIP 시스템을 위해 당연히 여러 장치가 필요하다. 이 장에서는 VoIP 에 필요한 프로토콜이나 구성 요소, 음성 품질의 기본 지식에 대해 공부한다. 지금의 네트워크에서 뺄 수 없는 VoIP의 기본을 익혀 보자.

7-1 VoIP의 기초 지식

이 절에서는 VoIP와 IP 전화의 개요에 대해 공부하겠다.

이야기를 하고 싶은 상대방이 가까이 없을 때 여러분은 어떻게 하는가? 편지를 쓰거나 전자 우편을 보내는가?

급한 일이 아니라면 마음을 전하고 싶을 때는 편지가 좋겠지만, 지금은 전자 메일로 하는 경우가 많다. 편지의 세계도 IP화되고 있는 것이다. 그리고 또 하나 잊지 말아야 할 것이 바로 **전화**다.

전화는 모든 사람과의 소통을 위한 수단이다. 여기서 말하는 행동 전제 조건은 상대방이 가까이 없을 경우를 말한다. 이야기하고 싶은 상대방이 가까이 있다면 직접 하면 되기 때문이다(그중에는 옆자리에 있는 사람에게도 메모 대신 메일을 보내는 사람이 있겠지만, 절대 전화를 걸지는 않을 것이다).

전화도 아날로그에서 IP로 즉 **IP 전화**로 재탄생하였다. 일반 가정과 기업 네트워크에서도 사용되고 있다. 두 경우 모두 IP 네트워크망을 이용하여 음성을 전달하여 통화하는 기술인 **VoIP(Voice over Internet Protocol)**를 이용하는 것에는 변함이 없다.

이 절에서는 보다 깊이 있게 '기업 네트워크에서의 IP 전화'라는 시점에서 이야기하겠다.

'여보세요'를 IP화

넓은 의미에서 **IP 전화**(IP 전화를 IP 폰이라고 하는 경우도 있지만 이 책에서는 IP 전화라고 통일하겠다.)는 VoIP 기술을 이용한 전화 서비스 및 그 네트워크 안에 존재하는 IP 기능을 가진 전화기를 말한다.

VoIP는 인터넷이나 사내 인트라넷과 같은 IP 네트워크상에서 음성 통화를 실현하는 기술이다. 통화할 때 전화기에서 송출되는 음성 신호를 디지털로 변환하고, IP 네트워크에 패킷 형태로 전송한다. 즉, 사람이 말하는 '여보세요'라는 음성을 IP 패킷화하여 네트워크에 전송한다. IP 패킷화되어 전송된다는 것은, 지금까지 배운 OSI 기본 참조 모델의 제3계층인 네트워크 계층의 데이터로 상대방에게 전송되는 것이다.

최종적으로 상대방에게 전송되는 데이터는 상대방 전화기에서 원래의 음성 신호로 복호화된다. 그래서 원래의 아날로그 신호로 변환되어 '여보세요'라는 말이 상대방에게 전달되는 것이다.

IP 전화를 이용하는 방법

IP 전화가 VoIP라는 기술을 사용해 통화하고 싶은 상대에게 IP 패킷을 전송하는 것이라고 이해했는가? 그렇다면 IP 패킷화된 음성을 전송하기 위해 네트워크 부분은 어떻게 되는 것일까? 구체적으로는 다음 세 가지 형태가 있다.

- 인터넷망을 사용
- 음성이 통과하는 사내 인트라넷망을 구축
- 통신 사업자(캐리어)가 제공하는 서비스를 이용

첫 번째의 **인터넷망을 사용**하는 방법은 네트워크 인프라 부분에 일반 가정에서도 사용하고 있는 인터넷망을 이용하는 것이다.

인터넷망을 사용하려면 일반 인터넷망을 이용할 때와 같이 ISP와 계약한다. 그러나 인터넷망이기 때문에 음성 통화를 위해 IP화된 음성도 망 자체가 혼잡해지면 파기된다.

패킷이 파기되면 음성이 끊겨 상대방의 목소리가 잘 들리지 않는다. '음성이 끊긴다'라는 것은 구체적인 예를 들자면 음성 발신자가 '가, 나, 다, 라, 마'라고 말한 것이 상대방에게는 '가, 나, - -, 라, 마'라고 들린다고 보면 된다. 도입이 쉽다는(특히 비용 측면) 면에서 일반 소비자용으로 보면 된다.

두 번째는 **음성이 통과하는 사내 인트라넷망을 구축**하는 방법이다. 음성이 우선적으로 통과하는 네트워크 인프라를 미리 구축한다. 예전에는 음성 교환기, 최근에는 VoIP 서버(자세한 설명은 뒤에서 하겠다.)를 자체적으로 구축하여 운용한다. 그러나 WAN 회선 부분은 통신 사업자에게 빌려 쓰는 것이 된다.

즉, 기업 내 전용 네트워크망이 된다. 음성 품질을 확보하기 위해서 QoS 정책[주1]을 회사 내에서 마음대로 설계할 수 있다. 인터넷망과는 달라서 네트워크 부하가 많을 때에도 중요 패킷을 우선적으로 송신하여 패킷 손실을 최소화할 수 있다. 비즈니스상 음성 품질 확보가 필요한 기업용에 적합하다.

➡ 우선순위 제어 기능은 213쪽에서 설명한다. 또한, 인터넷망의 혼잡도가 음성 품질에 미치는 구체적인 영향은 227쪽에서 설명한다.

세 번째는 **통신 사업자(캐리어)가 제공하는 서비스를 이용**하는 방법이다. 두 번째의 '음성이 통과하는 사내 인트라넷망 구축'과 크게 다른 점은 회사에 음성 교환기나 VoIP 서버를 자체적으로 구축하지 않는다는 점이다. 대신 통신 사업자의 설비를 사용한다.

설비는 통신 사업자나 시스템 인테그레이터(SIer)가 관리하는 데이터 센터에 설치되어 공조 설비나 보안이 확보된 환경에서 운용 및 관리가 이루어진다. 기업 내부에는 IP 전화나 라우터 등의 단말만이 설치되는 단순한 구성이다.

이 방법은 예를 들어 가스, 전기, 수도와 같이 음성도 서비스로 사용한다고 생각하면 된다. 그러나 공용 서비스이므로 사내에 설치하는 것처럼 모든 서비스를 이용할 수는 없다. 제공하는 서비스 메뉴에서 필요한 서비스를 선택하는 형태가 되는데, 이 점은 일반 가정의 전화와 동일하다.

주1 QoS(Quality of Service) 정책이란, 어떤 종류의 통신에 어느 정도의 품질을 확보할 것인지 결정하는 것이다.

정리

이 절에서는 다음과 같은 내용을 공부했다.

- VoIP는 IP 네트워크망에 음성을 보내어 통화하는 기술이다
- 넓은 의미의 IP 전화는 VoIP 기술을 이용한 전화 서비스 및 네트워크 내의 IP 기능을 가진 전화기를 말한다
- VoIP 이용 형태는 다음의 세 가지가 있다
  - 인터넷망을 사용
  - 음성이 통과하는 사내 인트라넷망을 구축
  - 통신 사업자(캐리어)가 제공하는 서비스를 이용

7-2 IP 전화의 구성 요소

이 절에서는 IP 전화의 구성 요소에 대해 공부하겠다.

먼저 IP 전화 시스템 전체 구성을 확인하자.

대규모 거점에서의 음성 서버는 서버룸 안에 설치된다. 각 IP 전화는 그 음성 서버를 경유하여 통화한다.

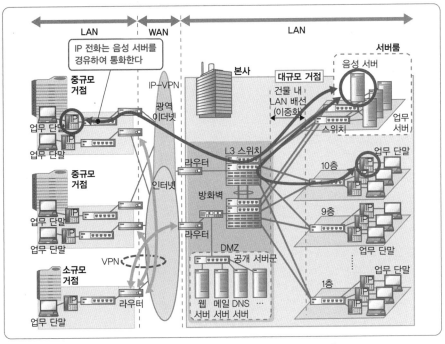

그림 7-1 **대규모 거점에서의 IP 전화 시스템 통신 흐름**

중규모 거점의 통신 흐름은 대규모 거점과 같다. 다음 그림에서는 건물 내에 있는 IP 전화끼리의 통신 흐름 예를 나타내고 있다.

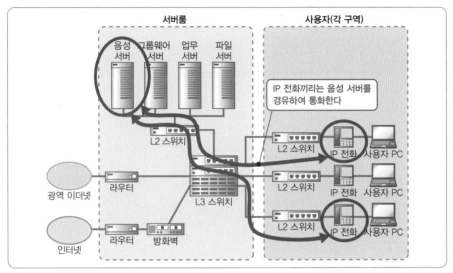

그림 7-2 **중규모 거점 네트워크에서의 IP 전화 시스템 통신 흐름**

소규모 거점에서는 음성 서버가 없다. 대규모 거점이나 중규모 거점과 같은 주요 거점에 설치된 음성 서버를 경유하여 통화가 이루어진다.

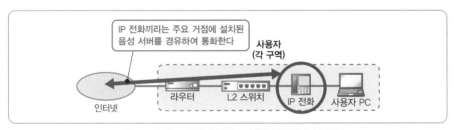

그림 7-3 **소규모 거점에서의 IP 전화 시스템 통신 흐름**

그럼 IP 전화의 구성 요소에 대해 살펴보도록 하자.

- IP 전화의 구성 요소는 단말, IP 네트워크망, 서버 이렇게 세 가지로 구분된다
- 단말은 VoIP 게이트웨이, IP 전화기, 소프트폰을 말한다
- 서버는 VoIP 서버(IP-PBX, SIP 서버)를 말한다. 음성 서버라고도 한다

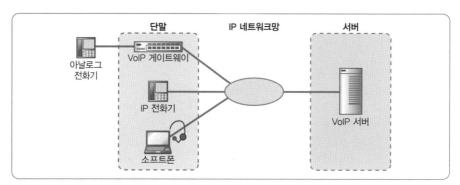

그림 7-4 **IP 전화 시스템 구성 요소**

등장 기기

- **아날로그 전화기**

  IP 기능이 없는 전화기. 일반 가정용 전화기와 동일한 기능을 가졌다.

- **VoIP 게이트웨이**

  IP 네트워크망에 아날로그 전화기를 접속하기 위한 장치다.

- **소프트폰**

  PC에서 소프트웨어를 설치하여 PC를 IP 전화기로 사용한다.

- **IP 전화기**

  IP 기능을 가진 전화기다. IP 네트워크망에 직접 접속할 수 있다. 현장에서는 소프트폰과 구별하기 위해 하드폰이라고도 부른다.

그림 7-5 **소프트폰 화면**

사진 7-1 **IP 전화기**
NEC 제품(왼쪽), 시스코 시스템즈 제품(오른쪽)

사진 7-2 **IP 전화기의 설치 이미지**

사진 7-3 **시스코 시스템즈의 IP 전화기의 뒷면**

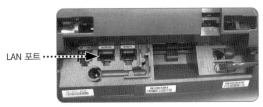

사진 7-4 **시스코 시스템즈의 IP 전화기 뒷면에는 LAN 포트가 붙어 있다**

- **IP 네트워크망**

  IP 네트워크로 구성된 네트워크 인프라망이다.

- **VoIP 서버**

  음성의 호 제어(전화의 접속이나 절단 처리)를 실시하여 단말 정보 등을 보유하고 있는 서버다. 음성 서버라고도 한다.

사진 7-5 **VoIP 서버**

단말은 음성인 아날로그 신호를 IP 패킷으로 변환하여 단말 간을 연결하기 위한 신호를 제어한다.

IP 네트워크망은 주요 음성 패킷의 우선순위 제어 기능이나 대역을 보장하는 기능이다. 음성 품질 보장을 담당한다.

서버는 단말을 인증하는 기능이다. 전화기에서 발신된 전화번호를 IP 주소로 변화하는 주소 변환 기능을 가지고 있다. 전화번호와 IP 주소의 대조표가 여기에 사용된다.

여기부터는 각각의 역할을 자세하게 정리해 보자.

사람의 목소리를 IP 네트워크망으로 전달

사람의 목소리를 IP 네트워크망으로 보내기 위한 방법은 크게 세 가지가 있다.

첫 번째는 **아날로그 전화기와 VoIP 게이트웨이**의 조합이다. 여기서 아날로그 전화기라는 것을 들어도 무엇인지 금세 알아차리지 못하는 사람들도 있을 것이다. 구체적으로는 여러분이 집에서 사용하고 있는 고정 전화기를 떠올리면 된다. 즉, 마트나 전자상가에서 파는 일반 전화기를 말하는 것이다.

두 번째는 전화기 자체를 IP화하는 방법이다. 아날로그 전화기를 사용하지 않고 IP 전화기를 사용하는 것이다. **IP 전화기**는 UTP 케이블을 사용해 IP 네트워크망에 직접 접속할 수 있다. 현장에서는 하드폰이라고도 부른다.

세 번째는 **소프트폰**이다. PC에 소프트웨어를 설치하고 PC 자체를 IP 전화기로 사용하는 방법이다.

이 세 가지 방법을 현장의 관점에서 자세히 설명하겠다.

아날로그 전화기를 IP 네트워크망으로

IP 전화에서 **단말**의 역할은 아날로그 음성 신호를 IP 패킷화하는 것이다.

아날로그 전화기에서 나오는 음성은 아날로그 신호 그대로다. IP로 구축된 네트워크 망을 통해 참가하는 것은 당연히 불가능하다. 즉, 아날로그 전화기는 IP 네트워크망에 직접 접속할 수 없다. 그럼 어떻게 하면 좋을까?

이 경우에는 아날로그 전화기와 IP 네트워크망 사이에 **VoIP 게이트웨이**를 설치한다(실제로는 음성 교환기가 개입). VoIP 게이트웨이는 아날로그 전화기를 IP 네트워크망에 연결하기 위한 장치다. VoIP 게이트웨이를 설치함으로써 아날로그 전화기의 음성을 IP 패킷으로 변환하고, IP 네트워크망을 통해 보낼 수 있게 된다.

이전에는 해당 방법이 음성을 IP화하는 첫걸음이었다. 그러나 지금은 전화기나 음성 교환기 자체도 IP화하는 경향이 있어, 여기서 설명하는 구성은 점점 줄어들고 있다. 단, 예산 관계로 기존의 아날로그 전화기도 교환기를 그대로 사용하고 싶다면 고육지 책으로서는 유효할 것이다.

정리하면 다음 공식으로 나타낼 수 있다.

아날로그 전화기 + VoIP 게이트웨이 = IP 전화

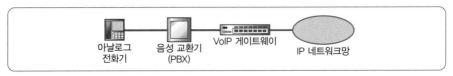

아날로그   음성 교환기   VoIP 게이트웨이
전화기   (PBX)   IP 네트워크망

그림 7-6 **구성도**

> **참 고**
>
> 시스코 라우터도 설정에 따라 VoIP 게이트웨이가 될 수 있다. VoIP 기능에 대응하는 IOS (Internetwork Operating System)를 탑재하고 있는 시스코 라우터라면 VoIP 컨피그레이션을 투입하여 VoIP 게이트웨이로서 동작시킬 수 있다. 단, 전제 조건으로 시스코 라우터(사진 7-6 'VoIP 게이트웨이'의 제일 위에 있는 장치)에 음성 모듈(사진 7-7 '음성 모듈')을 탑재해야만 한다. 이로 인해 VoIP 게이트웨이가 된다.

사진 7-6 VoIP 게이트웨이(상단)

라우터 본체에 음성 모듈을 탑재하여 VoIP 게이트웨이가 된다.

사진 7-7 음성 모듈

음성 모듈을 확대한 사진

전화기를 포함하여 음성을 모두 IP화

계속해서 두 번째는 VoIP 서버인 **IP-PBX**를 도입하고 전화기를 포함해 IP화해 버리는 방법이다. 음성 네트워크상에 존재하는 아날로그 전화기를 **IP 전화기**로 바꾸는 것이다.

단말의 역할인 '음성 아날로그 신호를 IP 패킷으로 변환하고 단말 사이를 연결하기 위한 신호를 제어하는 기능'을 IP 전화기에 가지도록 하는 것이다. 전화기 자체가 IP화되어 있어 IP 네트워크망에 직접 연결할 수 있다. 또한, IP 전화기는 나중에 설명할 소프트폰과 구별하기 위해 현장에서는 하드폰이라고도 부른다.

이 방법은 앞서 말한 VoIP 게이트웨이를 도입하는 방법에서 더욱 진화한 VoIP화다. 일반적으로 VoIP 도입에는 두 가지 패턴을 생각할 수 있는데, 첫 번째는 기존의 음성 교환기를 남겨 두고 싶은 경우다. 이 경우에는 먼저 시작 전에 VoIP 게이트웨이를 도입하여 VoIP화하고 다음 단계로 IP-PBX를 도입하여 전체를 IP화하는 순서가 될 것이다. 또 하나는 기존의 음성 교환기의 노후화나 임대 기간 만료에 따른 경우다. 그때는 갑자기 IP-PBX를 도입하는 경우도 있을 것이다.

▌음성 이외의 통신에 대한 영향은?

다음 사진은 사용자 시점에서 보면 '책상 위에 IP 전화기와 PC 단말이 있다.'로 끝나 버린다.

사진 7-8 **PC와 IP 전화기**

그러나 우리 네트워크 관리자들은 IP 전화와 PC 단말이 통신하는 배경을 알아야 한다.

▐ IP 전화기는 어느 네트워크에 속해 있는 것일까?

어느 날 갑자기 책상 위에 PC 단말 이외의 기기, 즉 IP 전화기가 설치된다. 그럼 음성 이외의 통신은 어떻게 될까? 여기서 만일 IP 전화기를 PC 단말과 같은 네트워크(같은 VLAN)에 그대로 연결하여 IP 네트워크망에 음성을 보내면 다른 통신에 영향을 미치게 된다. 구체적으로는 대량의 데이터를 보내면 패킷을 파기하는 현상이 발생하기 때문이다. 일반 데이터라면 재전송하면 되지만, 음성 패킷은 그럴 수 없다.

그럼 음성 품질을 확보하려면 어떻게 하면 좋을까? 해결 방법은 논리적으로 음성용과 데이터용 네트워크로 분리하는 것이다. 즉, VLAN을 나누는 것이다.

▐ 배선은 어떻게 되어 있을까?

또 물리적인 측면에서는 두 가지 접속 방법이 있다.

- 스위치에서 PC 단말과 IP 전화기를 '직렬'로 연결
- 스위치에서 PC 단말과 IP 전화기를 '병렬'로 연결

1) 스위치에서 PC 단말과 IP 전화기를 '직렬'로 연결하는 방법

직렬로 연결하면 다음과 같은 상태가 된다.

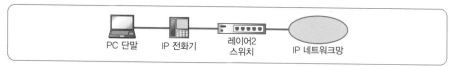

그림 7-7 **직렬 구성**

IP 전화기에는 이더넷 포트가 두 개 있다. 스위치용과 PC 단말용 포트다.

사진 7-9 **IP 전화기 포트(시스코 시스템즈 제품)**
정가운데 포트에 스위치에서 오는 UTP 케이블이 연결된다.
또한, 오른쪽 포트에 PC에서 오는 UTP 케이블이 연결된다.

각각의 포트를 사용함으로써 PC 단말과 IP 전화기를 연결하여 스위치에 직렬로 연결한다. IP 전화기를 중간에 위치시키고 PC와 스위치에 케이블이 각각 향하고 있다.

사진 7-10 **IP 전화기에서 PC와 스위치로**
UTP 케이블 접속 이미지. 왼쪽이 시스코 시스템즈 제품, 오른쪽이 NEC 제품

실제 현장에서는 PC 단말용과 스위치용 케이블 색깔을 나누는 것이 원칙이다. 한 번에 어떤 네트워크인지를 알 수 있기 때문이다. 만약 색깔을 나누지 않는다면 이사나 IP 전화기의 이동이 있을 경우 하나하나 IP 전화기 뒷면의 케이블 접속 부분을 확인해야만 한다. 또한, 직렬 연결로 VLAN 분리도 하게 된다.

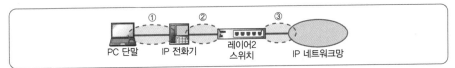

그림 7-8 **직렬 구성과 VLAN 분리**

① 데이터용 VLAN

일반 데이터용 VLAN이다.

② 음성용 VLAN

음성용 VLAN으로, 데이터용 VLAN보다 높은 우선순위를 가진다.

③ 트렁크 링크

데이터용 VLAN과 음성용 VLAN을 묶어서 IP 네트워크로 보낸다.

2) 스위치에서 PC 단말과 IP 전화기를 '병렬'로 연결하는 방법

병렬로 연결하면 다음과 같은 상태가 된다.

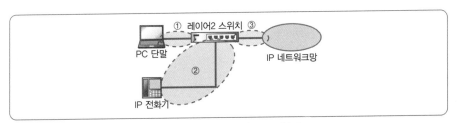

그림 7-9 **병렬 구성과 VLAN 분리**

① 데이터용 VLAN

일반 데이터용 VLAN이다.

② 음성용 VLAN

음성용 VLAN으로 데이터용 VLAN보다 높은 우선순위를 가진다.

③ 트렁크 링크

데이터용 VLAN과 음성용 VLAN을 묶어서 IP 네트워크로 내보낸다.

방금 설명했듯이 IP 전화기에는 두 개의 이더넷 포트가 있다. 그러나 이번 구성에서는 PC 단말과 IP 전화기를 병렬로 연결하고 있어 IP 전화기는 스위치용 포트만 사용하게 된다. 또한, PC 단말도 스위치와 직접 연결된다. 그 다음은 스위치에서 각각의 VLAN 을 묶어 IP 네트워크망에 보낸다.

> **참고**
>
> 여기까지 설명한 두 가지 접속 방법 중, '직렬'로 연결한 구성을 권장한다. PC 단말을 스위 치 포트에 직접 연결하지 않아 최소한의 스위치 포트 수로 IP 전화 시스템을 구축할 수 있 기 때문이다.

전화기를 네트워크상에서 끊다

세 번째 방법은 PC가 전화기 기능을 가지는 **소프트폰**이다. PC에 소프트웨어를 설치하고 IP 전화기로 사용한다. 조작 방법은 PC 화면의 숫자를 클릭하여 전화를 건다.

하드웨어 전화기는 책상 위에서 사라지고 PC 안으로 들어가 소프트웨어로써 존재하게 된다. 여러분의 책상 공간은 더욱 넓어질 것이며, 헤드셋 등을 사용해 손을 쓰지 않고 업무를 볼 수 있게 될 것이다.

그러나 현실 세계, 다시 말해 실제 현장에서는 문제가 존재한다. 그것은 PC 본체의 전원을 끌 경우 소프트폰 애플리케이션도 사용할 수 없는 상태가 된다는 것이다. 즉, 전화기 전원이 꺼져 있는 상태와 같으며, 소프트폰은 항상 통화 가능한 상태가 아니라는 것이다.

이 세상에는 휴대 전화도 보급되어 있기에 이 기준이 너무 엄격하다고 느끼는 사람도 많을 것이다. 그러나 전화를 거는 고객의 입장에서는 연락이 잘 이루어지지 않아 고객 만족도가 떨어질 가능성이 있다.

물론, IP 전화기는 가격대가 높으므로 모든 전화 단말을 소프트폰으로 한다면 비용 측면에서 큰 효과가 있다. 기업 경영자로써는 원하는 바일지도 모르나 사용자에게 운용상 어려움이 발생하는 것에 대해서는 부정할 수 없을 것이다. 그래서 위에서 말한 하드폰과 같이 사용하는 것이 현실적이다. 예를 들어, 그룹별로 한 대 또는 두 대의 하드폰을 설치하는 것이다. 그렇게 하면 대부분의 문제는 해결 가능하다.

음성 신호가 IP 패킷으로 변환되기까지

지금까지 VoIP의 세계에서의 '단말'의 위치와 구체적인 종류, 그리고 대략적인 역할을 설명했다. 정리하면 VoIP의 세계에서의 단말 역할은 아날로그 신호를 IP 패킷으로 변환하고 단말 간을 연결하기 위한 신호를 제어하는 것이다.

그럼 음성의 아날로그 신호를 IP 패킷으로 변환하는 순서에 대해 구체적으로 살펴보도록 하자.

음성 신호가 IP 패킷화되기까지의 순서

① 아날로그 음성 신호를 디지털화하고 압축한다
② 효율 좋은 전송이 될 수 있는 길이 단위로 정리한다(프레임화)
③ 목적지 주소 등 전송에 필요한 제어 정보(헤더)를 첨가한다(패킷화)

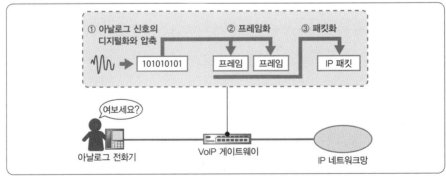

그림 7-10 **음성 신호가 IP 패킷화되기까지의 흐름**

①에서 **압축**을 하는 이유는 전송하는 음성 패킷의 사용 대역을 줄이기 위해서다. VoIP 세계에서는 얼만큼 압축하느냐에 따라 동시에 이용할 수 있는 음성 채널 수가 바뀐다. 그러나 압축률을 너무 높이면 음성 품질에 영향을 준다. 반대로 압축률을 낮추면 음성 품질은 높아지지만, 대역을 많이 사용하여 네트워크 전체에 영향을 주게 된다.

➡ 압축률과 음성 품질에 대해서는 225쪽에서 설명하겠다.

②는 ①에서 압축한 음성 신호를 어느 정도 간격으로 **프레임화**하는가를 지정한다. 이것을 통해 패킷으로 송출하는 간격(송출 주기)에 따라 프레임을 쌓는다. 그러고 나서 목적지 주소 등의 전송에 필요한 제어 정보(헤더)를 첨가하여 **패킷화**하고③ IP 네트워크망을 통해 상대방에게 전달된다.

▣ VoIP 환경은 단말만으로도 만들 수 있다

VoIP 환경을 구축하기 위해서 반드시 VoIP 서버가 필요할까? 그렇지 않다. 단말(VoIP 게이트웨이) 자신이 상대방 단말의 IP 주소와 전화번호 정보를 가지고 있으면, VoIP 서버를 경유하지 않고 직접 단말 간 통신이 가능하다.

그러나 단말(VoIP 게이트웨이) 내에는 음성 통신을 하고 싶은 상대방의 모든 정보(전화번호와 IP 주소의 대조표)를 등록해야 한다. 음성 통신을 하고 싶은 상대가 늘어나면 늘어날수록 설정이 힘들어지게 되고 관리면에서도 복잡해진다. 이는 중/소규모 네트워크에서는 문제가 없지만, 대규모 네트워크에는 적당하지 않다. 그러므로 VoIP 서버를 도입하도록 하자.

이상이 VoIP 네트워크 단말의 역할이다. 계속해서 단말 간을 연결하는 VoIP를 위한 IP 네트워크망의 역할에 대해 설명하겠다.

▣ VoIP의 핵심, IP 네트워크망에서 음성 품질 확보

여러분은 일반 도로를 지날 때 뒷편에서 구급차나 경찰차가 사이렌을 울리면서 다가온다면 어떻게 하는가? 운전하는 사람이라면 알겠지만 보통은 자신의 차를 왼쪽에 붙여서 세운다. 이 정도는 자동차 운전을 하는 사람이라면 누구나 알고 있을 것이다. 구급차나 경찰차는 긴급 상황에서는 일반 차량보다 우선순위가 높기 때문이다. 일반 차량을 정지시켜서라도 구급차와 경찰차는 먼저 목적지로 보내야만 한다.

IP 네트워크망의 세계에서도 마찬가지로 반드시 높은 우선순위를 가져야 하는 패킷이 있다. 그중 하나가 바로 음성 패킷이다. 즉, 방금 이야기한 도로상에서의 구급차나 경찰차의 입장이다. 사람의 목소리인 음성은 패킷 손실에 의한 재전송을 허가하지 않는다.

정상 동작

자신(발신) 쪽	→	상대방(수신) 쪽
'긴급 상황 발생'	→	'긴급 상황 발생'
①②③④⑤⑥	→	①②③④⑤⑥

패킷 손실 발생

자신(발신) 쪽	→	상대방(수신) 쪽
'긴급 상황 발생'	→	'긴급 상·발생… 황'
①②③④⑤⑥	→	①②③·⑤⑥… ④

위와 같이 ④번('황' 부분)에서 패킷 손실이 발생했다고 하자. 상대방(수신) 쪽은 패킷 손실이 발생한 패킷을 수신해도 이해하지 못할 것이다. 때문에 재발송 형태로 '황'이라는 패킷이 도착해도 혼란만 주게 된다.

VoIP 환경에서의 **IP 네트워크망**의 최대 역할은 음성 패킷을 단순히 상대방 단말까지 전달하는 것을 넘어서 **효율적으로 전달**하는 것이다. 음성 패킷을 효율적으로 전송하는 것으로 소리가 끊기는 등의 음성 품질 저하의 원인(음성 패킷의 지연이나 패킷 손실)을 최소화할 수 있다.

음성 패킷을 효율적으로 전송하는 방법에는 몇 가지가 있지만, 여기서는 대표적인 방법인 **절대 우선순위 제어**와 **대역 제어** 두 가지를 소개하겠다.

▌절대 우선순위 제어

특정 패킷을 다른 일반 패킷보다도 우선적으로 송신한다. 다른 통신에 영향이 미쳐도 상관없다. 긴급 상황에서의 구급차나 경찰차와 같은 취급을 받는다.

절대 우선순위 제어에 있어서 특정 패킷이라는 것은 음성 패킷이나 영상 데이터 등을 우선시하지 않으면 통신이 성립되지 않는 패킷을 말한다. 한편, 일반 패킷이란 웹 등 재전송이 어느 정도 허락되는 패킷이다.

실제 이 기술을 도입하면 마법같이 음성 패킷 손실을 막을 수 있어 우수한 음성 품질을 확보할 수 있다. 그러나 네트워크가 혼잡할 때 음성 패킷을 사용하는 동안에는 일반 패킷이 송신되지 않는다는 점을 기억하기 바란다.

▌대역 제어

미리 원하는 애플리케이션의 가중치를 두고 그 값에 따라 네트워크 대역을 확보하는 기술이다. 구체적으로는 어떻게든 필요한 만큼의 음성 대역을 확보하고 남은 대역을 일반 패킷에 할당하는 것이 일반적이다. 예를 들어, 음성과 비디오 스트리밍 50%, 업무용 애플리케이션 20%, 기타 30%라는 상태로 설정한다.

절대 우선순위 제어와 같이 음성 패킷이 전송되는 동안에는 일반 패킷이 송신되지 않는다는 상태는 막을 수 있지만 음성 품질이 반드시 확보된다고는 장담할 수 없다.

확실히 요즘 시대는 음성만이 전부가 아니다. 비즈니스에서 웹이나 전자 우편을 사용할 수 없게 되면 직장은 대 혼란이 오게 된다. 그만큼 네트워크 인프라가 중요시되고 있는 이유다.

누군가에게 어디에서 무엇이 중요할지 또는 어느 정도 패킷을 우선시하고 싶을지 정책을 결정하는 것도 중요하다. IP 네트워크망은 단순히 상대방에게 패킷을 전달만 하는 역할에서 결정된 정책에 따라 효율적으로 데이터를 전송하는 역할로도 변화하고 있다. 특히, 음성 네트워크의 세계에서는 음성 품질을 확보해야만 한다. 이런 것이 VoIP에서의 핵심이라고 말할 수 있다.

전화번호와 IP 주소 정보를 집중 관리

'VoIP 환경은 단말만으로도 만들 수 있다'라는 내용 중에서 음성 통화를 하고 싶은 상대방이 늘어나면 늘어날수록 설정 작업이 증가하고 관리면에서도 복잡하다고 설명했다. 그럼 무엇이 힘들고 무엇이 복잡할까? 구체적으로 확인해 보자.

상황

- 당신은 본사를 포함한 10거점을 총괄하는 네트워크 관리자다
- VoIP 서버를 도입하지 않았다(주소 관리를 단말인 VoIP 게이트웨이 자체에서 하고 있다)

여기서 말하는 주소 관리는 전화번호와 IP 주소의 대조표 관리를 말한다.

상황 변화

어느 지방 거점을 개설하게 되어 음성을 포함한 네트워크 증설 작업이 발생했다

어떤 작업이 필요할까? 잠시 생각해 보자.

답

신규 증설 거점의 VoIP 게이트웨이 설정은 물론, 기존 10거점 모두에게 주소 관리 정보를 추가 설정해야 한다

겨우 1거점의 증설 작업이다. 거점이 스무 개나 서른 개로 늘어나면 얼마나 힘들지 알 수 있을 것이다.

여기서는 대규모 네트워크에서 반드시 도입되는 **VoIP 서버** 역할에 대해 설명하겠다.

VoIP 서버의 역할

- 부정 액세스를 방지하기 위해 단말을 인증한다
- 네트워크 운용 관리를 효율적으로 하기 위해 주소 정보를 집중 관리한다
- 음성을 IP 네트워크로 보내기 위해 전화번호에서 IP 주소로 변환한다

VoIP 서버는 등록되지 않은 단말에서의 부정 액세스를 막기 위해 단말의 인증 기능을 가지고 있다.

VoIP 서버에서의 단말 인증 순서

① VoIP 서버에 단말 정보를 미리 등록해 둔다

② 단말은 전원이 들어올 때 VoIP 서버에 단말 자신의 주소 정보가 등록되도록 요구한다

③ ①에서 미리 등록한 단말 정보와 조합하여 정상적인 단말인지 확인되면, 수신한 주소 정보를 등록한다

이상으로 미리 등록되지 않은 단말에서의 부정 액세스를 방지할 수 있게 된다.

또한, VoIP 서버는 주소 정보를 집중 관리하고 전화번호를 IP 주소로 변환하는 관리표를 가졌다. VoIP 서버가 모든 단말 주소 정보를 가지고 있어, 통화할 때는 모두 VoIP 서버를 통과하게 된다. 중앙 집중형인 셈이다.

대규모 네트워크에서는 VoIP 서버에서 주소 정보를 집중 관리하는 경우가 많다. 각 단말의 요구에 따라 VoIP 서버가 주소 변화를 실시함으로써 각 단말에서 주소 추가나 변경 작업이 필요 없어진다. 이는 네트워크 전체의 통제 측면에서도 바람직하다. 단말의 수가 많은 경우나 주소 변환이 빈번하게 발생하는 경우에는 VoIP 서버에서 주소 정보를 집중 관리하는 것이 효율적인 방법이다.

이상으로 IP 전화의 기본 구성인 단말, IP 네트워크망, 서버에 대한 설명은 끝났다. IP 전화 세계에서의 전체 구성은 이해가 되었을 거라 생각한다.

송신 측과 동일한 간격으로 재생할 필요가 있다

음성에서는 **실시간성**이 요구된다. 바꿔 말하면 수신 측이 발신 측과 같은 간격으로 음성을 재생해야 하는 것이다. 그렇지 않으면 **지터(Jitter)**에 영향을 받아 음성이 중간에 끊기는 현상이 발생한다. 지터란, 수신 측에 도착하는 패킷 간격이 불규칙적으로 도달하는 현상을 말하며, '흔들림'이라고도 부른다. 실제 현장에서는 지터와 흔들림을 모두 사용하므로, 현장에서 작업하는 사람이나 고객과 이야기를 나누어야 하는 사람은 '지터', '흔들림' 둘 다 기억하기 바란다.

- 정상일 때

  '안 녕 하 세 요'

- 지터(흔들림) 발생

  '안 녕 하 세   요'

이와 같이 음성은 데이터의 즉시성을 요구하는 통신으로, 지연에 민감하다. 또한 지연 원인으로는 중계 장치의 처리 능력도 있겠지만, 무엇보다 네트워크 부하가 가장 큰 원인이다.

➡ 처리 방법을 포함하여 225쪽에서 자세히 설명하겠다.

여기서는 실시간성의 데이터를 네트워크로 전송하기 위한 프로토콜에 대해 간단히 설명하겠다.

▌ RTP

RTP(Real-Time Transport Protocol)는 다음과 같은 특징을 가진 프로토콜이다.

- 실시간성을 가진 데이터를 네트워크로 전송하기에 적합하다
- 엔드 투 엔드 방식의 네트워크 전송 기능을 제공한다
- 보통은 트랜스포트 계층의 프로토콜에 UDP를 사용한다
- 품질 보증을 하지 않는다
- 제어용으로 RTCP를 사용한다

RTP는 실시간 음성(미디어) 데이터를 RTP 패킷으로 운반한다. RTP 패킷은 음성(미디어) 데이터에 RTP 헤더를 붙여 UDP/IP로 전송한다.

RTP는 트랜스포트 계층 프로토콜에 흐름 제어를 제공하지 않는 UDP를 사용하고 있다. 그래서 데이터 전송 서비스 품질을 조금이라도 보완하기 위해 RTCP라는 제어 프로토콜을 사용한다.

➡ UDP는 OSI 기본 참조 모델의 제4계층에 해당되는 트랜스포트 계층에 위치하여 고속 전송을 실시하는 프로토콜이다.

▌ RTCP

RTCP(RTP Control Protocol)의 주요 기능은 다음과 같다.

- 패킷 손실, 지터를 모니터한다
- RTP 세션의 접속 수에 따라 통신 속도를 제어한다
- RTP 송수신 측에서 RTPC 패킷을 정기적으로 교환한다

▌ '안녕하세요'를 디지털 신호로

VoIP 환경에서 음성은 아날로그 신호를 그대로 보내지 못한다. 음성을 아날로그에서 디지털로 변환하고 IP 네트워크망을 통과해야 한다. 또한, 음성을 상대방에게 보내기 위해서는 그 반대의 변환도 해야만 한다. 이것을 **코덱(음성 부호화/복호)**이라고 한다.

대표적인 코덱(음성 부호화/복호) 방식에는 두 가지가 있다.

▌ G.711

음성을 64Kbps의 디지털 데이터로 변환하는 방식이다. 네트워크의 대역에 여분이 있어서 고음질을 요구할 때 채용된다.

▌ G.729a

음성을 8Kbps의 디지털 데이터로 변환하는 방식이다. 음성 품질은 G.711보다 떨어지지만 대역을 절약하고 싶을 때 사용된다. 이전에는 VoIP 네트워크의 WAN 부분 대역폭이 LAN과 비교하여 좁을 때 WAN 부분에 이 방식이 사용되곤 했다.

이 외에도 최근에는 품질을 개선한 G.722도 사용이 이루어지고 있다.

정리

이 절에서는 다음과 같은 내용을 공부했다.

- IP 전화의 구성 요소는 단말, IP 네트워크망, 서버와 같이 크게 세 가지로 구분한다
- 단말은 VoIP 게이트웨이, IP 전화기, 소프트폰을 말한다
- 서버는 VoIP 서버를 말한다
- VoIP 게이트웨이는 아날로그 전화기를 IP 네트워크망에 연결하기 위한 장치다
- 소프트폰은 PC에 소프트웨어를 설치하며 PC를 IP 전화기로 사용하는 것이다
- 단말은 음성인 아날로그 신호를 IP 패킷으로 변환하고, 단말 간을 연결하기 위해 신호를 제어한다
- IP 네트워크망에서는 절대 우선순위 제어 기능이나 대역 제어 기능에 따라 음성 품질을 보증한다
- VoIP 서버는 단말을 인증하는 기능이나 전화기에서 송신되는 전화번호를 IP 주소로 변환하는 주소 변환 기능을 가지고 있다
- 사내 인트라넷에서는 음성 이외의 통신에 영향을 주지 않기 위해 음성용과 데이터용으로 네트워크를 논리적으로 분리한다
- 음성 신호가 IP 패킷화되기까지의 흐름은 다음과 같다

    ① 아날로그 음성 신호를 디지털화하고 압축
    ② 효율 좋은 전송이 될 수 있는 길이 단위로 정리(프레임화)
    ③ 목적지 주소 등 전송에 필요한 제어 정보(헤더)를 첨가(패킷화)

- 실시간성인 데이터를 네트워크로 전송하기 위한 프로토콜로 RTP와 RTCP가 있다
- 음성을 아날로그에서 디지털(또는 그 반대)로 변환하는 것을 코덱(음성 부호화/복호)이라고 한다. 대표적인 코덱 방식에는 G.711, G.729a, G.722가 있다

7-3 VoIP 시그널링 프로토콜

이 절에서는 상대방의 전화를 호출하는 VoIP 시그널링 프로토콜에 대해 공부하겠다.

VoIP 시그널링 프로토콜이란, 통화 상대의 장소를 지정하거나 통화 상대를 호출하는 통신을 이용한 환경을 정리하기 위한 순서를 규정해 둔 것이다.

VoIP 서버를 비롯한 현재 VoIP 시스템의 시그널링 프로토콜로는 SIP(뒤에서 설명)가 주로 사용되고 있다. 이와 같은 상황에서 엔지니어가 아니더라도 고객이 사용하고 있는 시스템 사양 정도는 알아 둬야 할 것이다. 예를 들어, SIP 서버를 벌써 도입했는지 알아 둔다면 고객과의 대화도 자연스럽게 진행될 것이다. 그럼 각종 VoIP 시그널링 프로토콜의 개요를 공부해 보자.

VoIP 시그널링 프로토콜이란?

전화를 이용하는 장면을 떠올려보자. 상대방과 통화를 하기 전에 무엇을 하나? 상대방의 전화를 호출해야만 한다. 일반적으로 생각하듯 수화기를 들기만 하면 통화가 가능한 것은 아니다. 통화까지의 대략적인 순서는 다음과 같다.

① 통화 상대의 전화번호를 누른다
② 통화 상대의 전화가 울린다
③ 통화 상대가 대답한다
④ 통화가 시작된다

VoIP 세계에서도 똑같다. ①에서 ③까지의 순서를 밟아 **호의 세션**을 확립해야 하고 그것을 위한 순서가 규정되어 있다. 이것이 바로 VoIP 시그널링 프로토콜이다. 즉, VoIP 시그널링 프로토콜이란,

① 통화 상대를 지정하여 세션을 확립하고

② 통화 상대를 호출

하기 위한 순서를 규정한 것이다.

다음의 그림 7-11과 같이 VoIP 시그널링 프로토콜을 사용해 '통화 상대를 지정하고 세션을 확인'하거나 '통화 상태를 호출'한다.

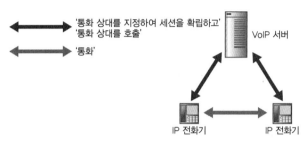

그림 7-11 **VoIP 시그널링 프로토콜**

현재 VoIP에서 이용되는 중요 시그널링 프로토콜은 SIP다. 지금부터는 SIP에 대해서 설명하겠다.

현재 주로 사용되는 프로토콜 SIP

SIP(Session Initiation Protocol)는 범용 세션 제어 프로토콜로 개발되었다. IP 전화의 세션을 개시, 변경, 종료 등의 조작을 하기 위한 프로토콜로 인터넷 기술 표준화 단체인 IETF로 표준화되어 있다.

SIP의 구성 요소

SIP의 구성 요소는 크게 다음의 세 가지다.

- SIP 사용자 에이전트
- SIP 서버
- 애플리케이션 서버

- **SIP 사용자 에이전트**

SIP 사용자 에이전트는 SIP 프로토콜을 구현하고 세션을 확립하거나 유지, 개방이 가능한 장치를 말한다. 구체적으로 SIP 프로토콜에 맞춘 IP 전화기(**SIP 폰**이라고도 한다.)나 SIP 소프트폰이다.

- **SIP 서버**

SIP 서버는 SIP 사용자 에이전트의 주소 정보의 등록이나 삭제, 변경과 메시지 전달을 담당한다.

- **애플리케이션 서버**

SIP 환경의 특징으로 애플리케이션 서버와 연계하는 부분이 있다. SIP 환경에서의 대표적인 애플리케이션 서버에는 인스턴트 메시지나 프레젠스 같은 기능이 있다. 인스턴트 메시지는 짧은 메시지 통신을 실시간으로 구현하는 기능이며, 프레젠스는 전화를 걸기 전에 상대방이 부재 상황을 파악할 수 있는 기능이다.

SIP의 기본 동작

SIP의 기본 동작의 큰 흐름은 다음과 같다.

① SIP 서버에 SIP 사용자 에이전트 등록
② SIP 세션 확립
③ SIP 사용자 에이전트 간 통화
④ SIP 세션 종료

SIP 폰은 전원을 킬 때, 자신의 주소 정보를 SIP 서버로 송신한다. SIP 서버는 SIP 폰의 IP 주소 정보를 등록하고 위치 정보를 파악한다. 또한, SIP 폰에서 통화 요청이 접수되면 상대방의 SIP 폰에 대해 세션 확립과 해제를 수행하고 SIP 메시지의 중계 역할을 한다.

H.323은 IP 네트워크망에서 멀티 미디어 통신 서비스를 실현하기 위한 표준 규격으로 1996년에 ITU-T(국제 전기 통신 연합 전기 통신 표준화 부문)에서 규격화된 것이다. 현재와 같이 SIP 서버가 유행하기 전에는 H.323을 구현한 IP 전화기나 게이트웨이 장치로 VoIP 환경을 구축하는 것이 대부분이었다. H.323은 IP 네트워크상에서의 음성, 영상, 데이터와 같은 미디어를 보내기 위해 꼭 필요한 것이다. H.323을 사용한 VoIP 네트워크의 구성 장치로는 H.323 단말, 게이트웨이, 게이트키퍼, MCU(Multipoint Control Unit)가 있다.

H.323 단말이란 실제 사용자가 사용하는 소프트웨어나 IP 전화기를 말한다. 음성 신호와 IP 패킷 변환 기능을 가지고 있다. VoIP 네트워크(IP 전화)에서 단말의 위치다.

게이트웨이는 아날로그 전화기와 IP 네트워크망 간의 음성 신호와 IP 패킷의 변환을 실시한다. H.323 단말과 같이 VoIP 네트워크에서의 단말과 같다.

게이트키퍼는 H.323 단말 등록의 접수, 단말 액세스 허가, 전화번호와 IP 주소 변환 등을 실시한다. VoIP 네트워크에서의 서버와 같다.

MCU는 많은 지점 간 통신을 실현하기 위한 통신 제어 장치다. 여러 지점 간 통신 구성은 화상 회의를 떠올리면 이해하기 쉬울 것이다.

원래 전화 교환기는 하나의 거대한 프레임(새시라고도 한다.) 내에 몇 가지 패키지(하드웨어의 기판과 같은 것)를 탑재하고 하나의 시스템으로 조립한 것이 대부분이었다.

패키지에는 ISDN 회선의 기능을 가진 것과 일반 가입자 전화용 등이 있고, 각각 사용자가 필요로 하는 서비스 기능만을 골라 프레임에 카드를 탑재하여 사용자에게 음성 서비스로 제공한 것이다. 오늘날 벤더 고유의 IP-PBX도 이와 같은 형태다.

Megaco/H.248과 **MGC**에서는 원래의 교환기가 해왔던 일을 서버가 소프트웨어적으로 구현한다. 즉, 소프트 스위치라고 부르는 아키텍처가 되는 것이다.

> **요점**
> · MGCP와 Megaco/H.248은 소프트 스위치라고 불리는 아키텍처다
> · 원래의 전화 교환기 기능을 IP 네트워크상에서 분산 배치한 기본 구성이다
> · Megaco/H.248은 MGCP의 확장판이다
> · Megaco/H.248과 MGCP는 프로토콜 간에 호환성이 없다

구성과 기능 개요는 다음과 같다.

① MG(미디어 게이트웨이)
아날로그 전화기와 IP 네트워크망 간의 음성 신호와 IP 패킷 변환을 실시한다.

② MGC(미디어 게이트웨이 컨트롤러)

　MG(미디어 게이트웨이)의 제어나 주소 변환 등 호 제어의 집중 관리를 실시한다.

③ SG(시그널링 게이트웨이)

　IP 네트워크망과 공통선 신호망 간의 신호 변환을 실시한다. 공통선 신호는 SS7[주2]이라고도 한다. 전화번호 등의 제어 정보를 전화 교환기로 주고받기 위한 신호다.

정리

이 절에서는 다음과 같은 내용을 공부했다.

- **VoIP 시그널링 프로토콜이란 다음의 순서를 규정하는 것이다**

  ① 통화 상대를 지정하여 세션을 확립
  ② 통화 상대를 호출

- **현재는 VoIP 시그널링 프로토콜로 SIP가 사용되고 있다**

주2　SS7(Signalling System No. 7, 공통선 신호 No. 7)은 통화용 신호선과 제어용 신호선을 각각 제어하는 방식이다.

7-4 음성 품질 기초 지식

이 절에서는 VoIP 음성 품질을 좌우하는 요인과 그 조정법에 대해 공부하겠다.

음성 품질이 나빠지는 이유

VoIP에서는 음성을 IP 네트워크상에서 패킷으로 전송하기 위해 암호화, 압축, 패킷화 등의 처리를 한다. 지금까지 배운 내용 그대로다. 이 일련의 처리나 IP 네트워크망 자체의 정체 등에 따라 음성의 지연이나 지터(흔들림), 패킷 손실, 에코 등이 발생하고 음성 품질이 저하된다.

한편, 아날로그 고정 전화기는 음성 대역을 미리 통신로로 확보하는 방식이어서 높은 통신 품질을 유지할 수 있다. 그러나 많은 대역을 점유한다는 면에서 통신 효율이 나빠진다는 단점이 있다.

그럼 VoIP의 음성 품질에 영향을 주는 요인에 대해서 자세히 공부해 보자. 아날로그 고정 전화기에서는 음성 품질에 대해 별로 신경 쓰지 않아도 된다. 그러나 휴대 전화기는 어떨까? 전파가 약한 곳이나 차량 운전 중에는 통화 장소에 따라 품질이 저하됐던 경험이 있을 것이다. VoIP에서는 VoIP의 단말이나 IP 네트워크망에 의한 품질 저하가 있다. 음성 품질에 영향을 주는 요인은 크게 다섯 가지로 나눌 수 있다.

- 코덱
- 지연
- 지터(흔들림)
- 패킷 손실
- 에코

코덱 압축률이 높아지면 음성 품질이 저하됨

VoIP에서의 음성 품질은 사용하는 **코덱** 종류에 따라 다르다. 코덱 압축률이 높아질수록(비트 전송률이 낮아진다.) 음성 품질은 낮아진다.

결국 비트 전송률 8Kbps인 'G.729a'는 비트 전송률 64Kbps인 'G.711'보다 음성 품질이 떨어진다. 그러나 비트 전송률이 높아지는 만큼 대역을 점유한다는 면에서 네트워크 사용 효율은 낮아진다.

어떤 코덱이 좋다고 단언할 수는 없다. 그저 VoIP를 사용하는 환경에 맞춰 적절한 코덱을 선택하면 되는 것이다.

지연 발생 장소

IP 네트워크망이나 VoIP 네트워크를 구성하는 여러 기기의 처리 시간이 **지연**된다. 일반적으로 엔드 투 엔드(송신 측 단말에서 수신 측 단말까지)의 지연 한계는 한쪽 방향으로 150ms(밀리초)다. 이 값을 넘게 되면 음성 통화에 영향을 준다고 한다. 저자의 경험으로는 100ms으로 설정했을 때가 가장 좋았다. 150ms는 운용 측면에서 주의가 필요하다.

그럼 지연은 구체적으로 어느 장소에서 발생하는 것일까? 지연이 발생하는 부분은 다음의 세 가지다.

- 송신 측의 VoIP 게이트웨이
- IP 네트워크망
- 수신 측의 VoIP 게이트웨이

첫 번째 송신 측 VoIP 게이트웨이에서의 지연은 압축이나 패킷화에 따른 지연이다. 두 번째는 IP 네트워크망 내의 지연으로, 구체적으로는 라우터 장치 내부나 전송로의 지연이다.

마지막 세 번째는 수신 측의 VoIP 게이트웨이에서의 지연이다. 지터 흡수 지연이나 송신 측에서 일어난 처리의 반대 처리를 할 때 발생한 지연이다. 특히, 지터 흡수 지연이 중요하다. 지터 흡수 지연이란, 지터 버퍼(지터 흡수 버퍼)에서의 대기 시간이다.

여기까지 세 가지 지연에 대해 소개했지만, 저자의 경험상 가장 중요한 원인은 '수신 측의 VoIP 게이트웨이'다. 발신 쪽에서 목적지까지의 마지막 포인트이며, 발신 쪽에서의 지연이 가장 많이 축적되어 있기 때문이다. 이 경우는 지터 버퍼(지터 흡수 버퍼)를 조정하여 처리한다.

지연에 대한 대처

지금까지 지연 발생 장소나 지터(흔들림)에 대해 설명했다. 여기서 한 번 더 지터에 대한 복습과 함께 자세히 설명하겠다.

지터(흔들림)는 패킷의 수신 타이밍에 격차가 생기는 현상을 말한다. 이 격차가 음성 저하의 원인이다. 이 격차를 일정 간격으로 유지함으로써 음성 저하를 줄일 수 있는 것이다.

지터에 대한 대처는 **수신 측의 VoIP 게이트웨이**에서 이루어진다. VoIP 게이트웨이에는 지터를 흡수하기 위한 **지터 버퍼(지터 흡수 버퍼) 기능**이 있다. 불규칙적으로 수신된 음성 패킷을 일시적으로 장치 내 버퍼 메모리에 쌓아두고, 일정 간격으로 패킷을 꺼내어 음성 재생 처리로 보내는 기능이다.

특히, 해외 네트워크에서는 전송로 거리 관계로 지터 문제가 많이 발생한다. 처리 방법으로는 지터 버퍼 값을 국내보다 크게 설정한다. 그러나 지터 버퍼 사이즈를 크게 하면 버퍼 메모리에 쌓아 두는 시간이 길어진다. 그래서 제각각 수신한 음성 패킷의 허용 범위가 커지는 것이다. 지터에 의한 영향을 최소화할 수는 있지만, 반대로 지연이 커지는 단점도 있다. 지터와 지연의 균형 조정을 잘하는 사람이 필요해지는 부분이다. 이 부분은 현장에서 튜닝으로 처리할 수밖에 없다. 음성은 데이터와 달라서 인간의 귀로 음질이 좋고 나쁨을 판단하기 때문이다.

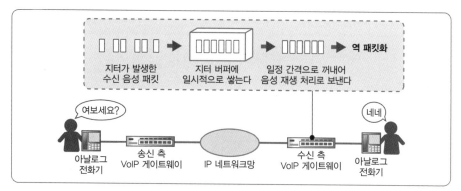

그림 7-12 **지터 버퍼에 의한 대책**

소리가 지직지직하며 중간에 끊김

소리가 지직지직 끊기는 현상은 **패킷 손실**로 인한 것이다. 패킷 손실이란, VoIP 게이트웨이에서 송신된 음성 패킷이 IP 네트워크망을 경유하여 목적지 VoIP 게이트웨이에 도착하는 사이에 다음과 같은 요인으로 파기되는 것을 말한다.

- IP 네트워크망의 혼잡으로 인한 라우터의 버퍼 오버플로우
- 패킷 자체가 깨짐
- 패킷이 순서대로 도착하지 않음
- 큰 지터가 발생

패킷 손실은 소리가 끊기는 현상을 일으키고 음성 품질에 악영향을 끼친다. 일반적으로 가장 많은 현상은 라우터의 출력 인터페이스 내에서 발생하는 오버플로우다. IP 네트워크망의 혼잡으로 인해, 라우터에서 패킷이 출력되지 않고 오히려 그것을 파기해 버리는 경우다. 예를 들면 자동차가 고속도로로 들어가려 하지만, 길이 혼잡하여 입구 근처에서 많은 정체가 발생해 들어가려던 차량이 더는 기다리지 못하고 행렬에서 벗어나는 현상과 같은 것이다.

소리의 에코 현상

전화에서 자신이 말한 소리가 수화기에서 들리는 에코 현상을 경험한 적이 있을 것이다. 말하는 사람의 소리가 듣는 사람의 전화기 스피커로 재생되어, 그 음성이 듣는 사람의 마이크를 통해 다시 말하는 사람 쪽으로 돌아오는 현상으로, 이것을 **에코**라고 한다(엄밀히 말하면 어쿠스틱 에코라고 한다).

에코의 종류로는 이외에도 하이브리드 에코가 있다. 하이브리드 에코는 음성 교환기 내의 회로에서 일어난다. 회로 내 저항값의 차이에 의한 반사 영향으로 인해 소리가 되돌아오는 현상이 발생하는 것이다. 그럼 에코에 의한 영향을 최소화하기 위해서는 어떻게 하면 좋을까? 현장에서 사용하는 일반적인 대응 방법으로는 두 가지가 있다.

하나는 VoIP 게이트웨이 기능인 **에코 캔슬러**(Echo Canceler)라는 기능으로 처리하는 방법이다. 에코 캔슬러란, 음성 지연을 예측하여 말하는 사람에게 되돌아오는 파형에 반대되는 위상 파형을 보내 에코를 무시하는 것이다.

또 하나는 **음성 레벨을 조정**하는 방법으로, VoIP 게이트웨이에서 들어오고 나가는 소리의 크기를 조정하는 것이다. VoIP 게이트웨이에서 전화기로 오는 소리 레벨을 높이면 에코가 쉽게 발생한다. 반면, 레벨을 내리면 에코를 줄일 수 있다. VoIP 게이트웨이가 레벨 조정 기능을 지원하지 않는다면 전화 교환기에서 음성 레벨을 조정하면 되는데, 이는 전화 업체에 의뢰해야만 한다.

실제로 현장에서 음성 레벨 조정에 있어서 '이거다'라고 정해진 답은 없다. 그러나 굳이 답을 정한다면 실제로 듣는 사용자가 이 정도면 잘 들리니 괜찮다고 하면 그게 답인 것이다. 결국 듣는 것은 사람의 귀이기 때문이다.

정리

이 절에서는 다음과 같은 내용을 공부했다.

- 음성 품질에 영향을 주는 요인은 크게 다섯 가지로 구분된다
  - 코덱
  - 지연
  - 지터(흔들림)
  - 패킷 손실
  - 에코
- 코덱의 압축률이 높아질수록(비트 전송률이 낮아진다) 음성 품질은 저하된다
- 지연이 발생하는 원인은 다음의 세 가지다
  - 송신 측의 VoIP 게이트웨이
  - IP 네트워크망
  - 수신 측의 VoIP 게이트웨이
- 지터(흔들림)의 대책은 수신 측 VoIP 게이트웨이 지터 버퍼(지터 흡수 버퍼) 기능의 조정으로 이루어진다
- 패킷 손실이 발생하면 소리가 지직지직 끊기는 현상이 발생한다
- 에코는 말하는 사람의 소리가 듣는 사람의 전화기 스피커로 재생되어 그 음성이 듣는 사람의 마이크를 통해 다시 말하는 사람 쪽으로 돌아오는 현상이다. 에코 대책으로는 에코 캔슬러를 사용하는 방법과 음성 레벨을 조정하는 방법이 있다

무선 LAN 초보 입문

무선 LAN은 가정이나 기업에 완전히 정착되었다. 가정에서 사용되는 무선 LAN의 중심이 되는 것이 무선 LAN 액세스 포인트다. 한편, 기업 용으로는 여러 무선 LAN 액세스 포인트의 관리, 제어가 필수적이다. 무 선 LAN 스위치 도입도 고려하여 무선 LAN 네트워크를 효율적으로 사 용할 수 있도록 해야 한다.

8-1 무선 LAN이란?

이 절에서는 무선 LAN의 특징과 통신 방법, 여러 무선 LAN 규격의 개요에 대해 공부하겠다.

무선 LAN이란, 유선 케이블 대신 전파를 이용하여 PC 간을 연결하고 LAN을 구축하는 것이다. 최근 노트북은 무선 LAN 기능이 표준으로 내장되어 있는 경우가 많아 무선 LAN 사용이 당연한 일처럼 되었으며, 예를 들어 기업이나 학교, 일반 가정에서도 널리 사용하게 되었으며, 카페나 패스트푸드점은 물론이거니와 공항, 역, 호텔 등에서도 무선 LAN을 사용할 수 있다.

무선 LAN의 장점과 단점을 정리하면 다음과 같다.

장점

모빌리티(이동성)이 우수하다

무선 LAN은 여러 곳으로 자유롭게 이동하면서 데이터 통신을 할 수 있다.

복잡한 케이블 배선을 하지 않아도 된다

무선 LAN에는 유선 특유의 배선 문제가 없다. 예를 들어, 케이블이 끊기거나 네트워크 기기와의 느슨한 연결, 스위치 포트와의 연결 오류 등은 없다.

단점

통신이 불안정

무선 LAN은 장소와 주변 환경에 많은 영향을 받는다. 전파가 좋지 않은 곳에서는 전송 속도가 불안정하여 스루풋(throughput)이 떨어진다.

보안 대책은 필수

무선 LAN에서는 보안 대책이 필요하다. 방금 설명했듯이 상황이 좋은 곳에서는 전파가 지나치게 멀리 퍼져나가므로 무선 LAN의 고급 지식을 가진 악의를 가진 제삼자에 의해 모르는 사이에 통신 내용을 도청당할 위험이 있다. 그래서 WPA2(IEEE802.11i) 등의 보안 기능을 사용하여 데이터의 암호화나 인증과 같은 보안 대책을 충분히 세워야만 한다.

➡️ 무선 LAN 보안에 대해서는 8-3절에서 자세히 설명하겠다.

무선 LAN 기본 구성

유선 LAN과 무선 LAN의 근본적인 차이는 전송 매체다. 유선 LAN에서는 LAN 케이블을 사용하여 데이터를 전송하는 반면, 무선 LAN에서는 전파를 사용해 전송한다. 그래서 무선 LAN에서는 그 전파를 중계하는 무선 LAN 기기로 무선 LAN 액세스 포인트와 무선 LAN 카드가 필요하다.

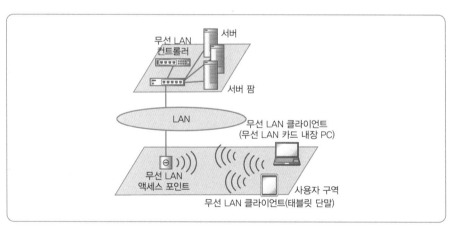

그림 8-1 **기업 네트워크에서의 무선 LAN의 기본 구성**

일반 소비자용 무선 LAN에서는 무선 LAN 클라이언트(무선 LAN 카드가 내장된 PC)와 무선 LAN 액세스 포인트가 있다면 환경을 구축하기에 충분하다. 한편, 기업 네트워크에서의 무선 LAN 기본 구성은 다음 세 가지 요소로 구성된다.

- 무선 LAN 클라이언트
- 무선 LAN 액세스 포인트
- 무선 LAN 컨트롤러

▌무선 LAN 클라이언트

무선 LAN 클라이언트는 가장 알기 쉬운 예로써 무선 LAN 카드가 내장된 PC를 생각하면 된다. 최근에는 태블릿 단말도 일반적인 예 중의 하나다.

▌무선 LAN 액세스 포인트

무선 LAN 액세스 포인트란 무선 LAN으로 전파를 송수신하기 위한 중계기를 말한다. '와이파이(Wi-Fi) 라우터', '기지국', '스테이션' 등으로 불린다. 또 무선 LAN 액세스 포인트 중에는 라우팅 등 라우터 기능을 가진 것도 있다. 무선 LAN 액세스 포인트의 큰 특징은 다음과 같다.

- 무선으로 받은 데이터를 유선 LAN으로 보낸다

무선 LAN 액세스 포인트는 노트북이나 태블릿 단말 등의 무선 LAN 어댑터에서 수신한 데이터를 유선 LAN으로 보내는 역할을 한다.

무선 LAN과 유선 LAN은 액세스 제어 방식이나 프레임 형식이 다르다. 무선 LAN의 통신 매체는 전파이며 프레임은 무선 LAN 형식의 MAC 프레임이다. 한편, 유선 LAN의 통신 매체는 케이블이고 프레임은 이더넷 형식의 MAC 프레임이다.

무선 LAN 액세스 포인트는 두 가지 구조를 모두 갖추었으며, 프레임을 서로 교환하는 기능을 가졌다.

사진 8-1 **무선 LAN 액세스 포인트**

무선 LAN 컨트롤러

기업의 무선 LAN 네트워크를 구성할 때는 전파가 구역 전체에 문제없이 도달하도록 해야 한다. 그러기 위해서는 여러 무선 LAN 액세스 포인트를 설치, 운용한다. 이때, 문제가 되는 것이 무선 LAN 액세스 포인트 간 전파 간섭이나, 무선 LAN 클라이언트가 이동했을 때 무선 LAN 액세스 포인트를 변경하는 작업이다. 물론, 무선 LAN 액세스 포인트가 늘어나면 늘어날수록 운용 관리에 손이 많이가고 관리자의 부담은 더욱 커진다. 그래서 등장한 것이 바로 **무선 LAN 컨트롤러**다.

➡ 무선 LAN 컨트롤러를 무선 LAN 스위치라고 부르는 경우도 있지만, 이 책에서는 무선 LAN 컨트롤러라는 이름으로 설명하겠다.

무선 LAN 컨트롤러란, 여러 무선 LAN 액세스 포인트를 일원 관리하기 위한 기기다. 구체적으로 무선 LAN 액세스 포인트 간의 전파 간섭이 일어나지 않도록 전파가 도달하는 범위를 자동 조정한다. 또한, 무선 LAN 액세스 포인트 간을 로드 밸런스하여 특정 무선 LAN 액세스 포인트에 부하가 집중되지 않도록 하는 기능도 가졌다. 특히, 최근에는 스마트폰의 무선 LAN 기능을 사용한 음성 통신을 도입하는 기업도 많아졌다. 스마트폰이 이동하더라도 끊기지 않고 통화가 가능해야 하므로, 무선 LAN을 사용한 음성 환경을 도입하는 데 무선 LAN 컨트롤러는 빼놓을 수 없는 존재다.

사진 8-2 무선 LAN 컨트롤러
시스코 시스템즈의 Cisco 5520 무선 컨트롤러
제공: Cisco Systems, Inc.

무선 LAN의 설치 장소

무선 LAN을 설치하는 장소는 기업의 업무 형태에 따라 다양하다. 예를 들어, 일반 사무실에서는 천장이나 벽에 무선 LAN 액세스 포인트를 설치하는 것이 일반적이다. 한편, 레스토랑이나 호텔에서는 인테리어 디자인에도 신경을 써야 한다. 그래서 무선

LAN 액세스 포인트를 천장 안쪽에 설치하여 눈에 띄지 않도록 하는 것이 철칙이다. 이와 같이 작은 차이는 있지만 일반 기업에서의 무선 LAN 액세스 포인트 도입 방법과 설치 장소에 대한 개념은 같다. 무선 LAN 컨트롤러와 무선 LAN 액세스 포인트가 스위치 포트에 연결되어 클라이언트 단말과 통신을 교환한다. 그림 8-2는 LAN에서의 무선 LAN 설치 장소를 나타낸 것이다.

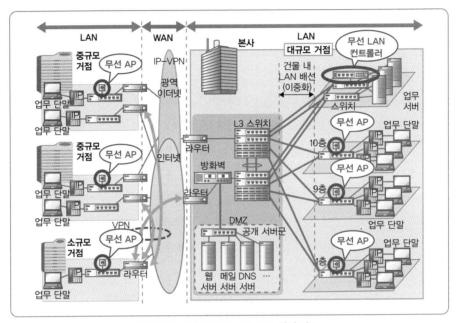

그림 8-2 **LAN에서의 무선 LAN 설치 장소**

무선 LAN의 통신 모드

무선 LAN 클라이언트 쪽에서 본 무선 LAN 접속 형태는 무선 LAN 액세스 포인트를 사용하는지 안하는지에 따라 다음 두 가지 모드로 구분된다.

- 인프라스트럭처 모드
- 애드혹 모드

▌인프라스트럭처 모드

인프라스트럭처(Infrastructure) 모드는 무선 LAN 액세스 포인트와 그 전파 도달 범위(무선 셀이라고 한다.) 내에 존재하는 무선 LAN 클라이언트로 구성된다.

무선 LAN 클라이언트는 무선 LAN 액세스 포인트를 통해 통신하고, 서로 직접 통신은 하지 않는다. 기업에서 무선 LAN을 도입할 때는 보통 이 방식을 채용한다.

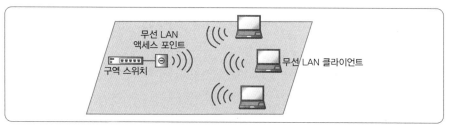

그림 8-3 인프라스트럭처 모드

▌애드혹 모드

애드혹(Ad-hoc) 모드는 피어 투 피어 또는 IBSS(Independent Basic Service Set)라고 한다. 이는 무선 LAN 클라이언트 간에 직접 통신하는 방식이다. 그래서 인프라스트럭처 모드에 비해 전파 사용 효율이 좋다는 장점이 있다. 무선 LAN 카드를 탑재한 닌텐도 DS나 플레이스테이션 포터블 대상의 대전 게임에서 사용된다.

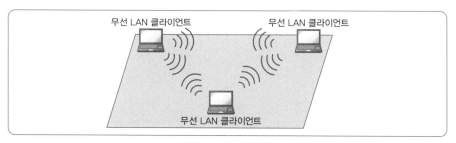

그림 8-4 애드혹 모드

통신 상태

무선 LAN에서는 무선 특성상 통신 상태가 항상 일정하지는 않다. 여러분이 가지고 있는 휴대 전화에 표시되는 전파 상황과 같이, 지금 있는 장소나 주위 환경에 따라 전파 수신 상태가 변한다.

▌ 전파 간섭의 영향

무선은 유선과 달리 '눈에 보이지 않는다.'라는 특징이 있다. 전파의 도달 범위나 전파 간섭에 대한 고려도 필요하다. 예를 들어, 전자렌지와도 주파수가 중복되므로 가동 중인 전자레인지 근처는 통신에 많은 영향을 끼친다. 여기서 말하는 영향은 처리율(스루풋)이 떨어짐을 의미한다. 또한, 근접해 있는 액세스 포인트 간 채널이 중복되면 같은 영향을 줄 수 있다.

➡ 전자레인지는 주파수에 2.4GHz를 사용하지만 IEEE802.11b, IEEE802.11g도 같은 2.4GHz를 사용하고 있다. 채널에 대해서는 245쪽에서 자세히 설명하겠다.

무선 LAN을 도입할 때는 구역 내의 벽이나 장애물 등에 대해 실제 현장에서 조사를 거친 뒤, 무선 LAN 액세스 포인트 배선을 결정하는 것이 철칙이다.

> **참고**
>
> 무선 LAN 환경 조사의 대표적인 도구로 '에카하우 사이트 서베이(Ekahau Site Survey)'가 있다. 에카하우 사이트 서베이는 액세스 포인트의 전파 강도를 그래픽으로 표시해 주는 소프트웨어다. 실제 조사 측정에서는 같은 소프트를 설치한 노트북을 가지고 측정자가 구역 내부를 걸어 다니면서 데이터를 수집하여 사무실 전체 전파 강도를 조사한다.

무선 LAN의 규격

현재 무선 LAN이라고 하면 IEEE802.11 규격을 준수한 기기로 구성된다.

➡ IEEE802.11은 미국 기술 표준화 단체인 IEEE(The Institute of Electrical and Electronics Engineers)에 의해 인증된 무선에 관한 규격이다.

현재(2018년 2월 집필 시점)의 기업 네트워크 환경에서 사용되고 있는 주요 규격은 다음의 다섯 가지가 존재한다.

- IEEE802.11b
- IEEE802.11a
- IEEE802.11g
- IEEE802.11n
- IEEE802.11ac

이전에는 음성을 무선 LAN에서 사용하는 경우 2.4GHz대역 IEEE802.11b와 11g를 사용하고 데이터형을 5GHz IEEE802.11a로 하는 것이 일반적이다. 최근에는 IEEE802.11n, IEEE802.11ac에 대응하는 단말이 등장하여 기업 네트워크에도 11n이나 11ac의 도입이 점차 퍼지고 있다.

표 8-1 **무선 LAN 규격**

규격명	통신 속도	주파수의 대역폭	주파수 대역	규격 제정 시기
IEEE 802.11b	11Mbps	20MHz	2.4GHz	1999년 10월
IEEE 802.11a	54Mbps	20MHz	5GHz	1999년 10월
IEEE 802.11g	54Mbps	20MHz	2.4GHz	2003년 6월
IEEE 802.11n	600Mbps	20MHz, 40MHz	2.4GHz/5GHz	2009년 9월
IEEE 802.11ac	6.93Gbps	20MHz, 40MHz, 80MHz, 160MHz	5GHz	2014년 1월

또한, 해당 표의 통신 속도는 규격상의 최대 이론값이다. 실제로 통신하는 데 필요한 실효 속도는 이론값 절반의 3분의 1정도다.

그 이유는 설치 장소의 환경(간섭물/차폐물에 따른 감소)에 의한 영향이나 통신을 성립시키기 위한 제어 정보 등을 주고받는 데 통신 대역이 사용되고, 게다가 다른 무선 LAN 이용자와의 통신 대역 나눔 등도 이루어지기 때문이다.

IEEE802.11b

IEEE802.11b는 최대 11Mbps의 전송 속도를 실현하는 물리 계층의 규격이다. 여기서는 ISM 밴드(아이에스엠 밴드)라고 부르는 2.4GHz대역을 사용한다. ISM 밴드는 의료기기나 전자레인지, 블루투스, 무선 전화기 등에 광범위하게 이용되고 있어, 그 기기 사이에 전파 간섭이 발생하는 경우가 있다.

➡️ ISM이란 Industry-Science-Medical의 줄임말로, 국제 전기 통신 연합(ITU)이 산업, 과학, 의료 분야에 전파를 사용하기 위해 지정한 주파수 대역이다. 면허나 신청서를 내지 않고 사용할 수 있다.

IEEE802.11a

IEEE802.11a는 새롭게 무선 LAN용으로 할당된 5GHz대역을 사용하여, 최대 54Mbps의 전송 속도를 실현하는 물리 계층 규격이다. 변조 방식으로는 OFDM(Orthogonal Frequency Division Multiplexing, 직교 주파수 분할 다중 방식)을 이용하여 고속화된 전송 속도를 실현할 수 있다.

➡️ 5GHz대역 무선 LAN에서는 현재 W52(5.15~5.25GHz), W53(5.25~5.35GHz), W56(5.47~5.725GHz)의 주파수 대역을 사용할 수 있다. 자세한 것은 246쪽에서 설명한다.

IEEE802.11g

IEEE802.11g는 IEEE802.11b와 같이 2.4GHz대역을 사용하여 최대 54Mbps의 전송 속도를 실현하는 물리 계층 규격이다. 변조 방식으로는 IEEE802.11a와 같은 OFDM을 사용하여 2.4GHz대역으로 고속화를 실현하고 있다.

IEEE802.11b와 같은 주파수 대역을 이용하고 있어 IEEE802.11b와 IEEE802.11g에는 상호 접속성이 존재한다.

IEEE802.11n

IEEE802.11n은 실효 속도 100Mbps 이상의 전송 속도를 실현하기 위한 규격이다. 2.4GHz 또는 5GHz대역의 두 주파수 대역을 사용할 수 있고, 기존의 11b, 11g, 11a의 규격에 비해 성능 향상면에서 개선되고 있다.

또한 강도 높의 암호화 알고리즘인 'AES'를 채용하여 보안 대책을 세운 것이 특징이다.

IEEE802.11ac

IEEE802.11ac는 5GHz대역을 이용해 논리값을 최대 6.93Gbps까지 실현하기 위한 규격이다. 2018년 2월 현재(2018년 2월 집필 시점) 무선 LAN 클라이언트·무선 LAN 액세스 포인트 둘 다 6.93Gbps의 통신 속도에 대응하고 있는 제품은 없다.

▌와이파이(Wi-Fi)

무선 LAN 기술은 이더넷과 비교하면 아직 역사가 짧아, 초기에는 제품마다 규격의 해석이나 구현되고 있는 기능 등에 차이가 있었다. 그래서 이전에는 모든 제품 사이에 상호 호환성이 보장되지 않아 제조사가 다른 기종에서는 통신이 불가능했던 적이 있었다. 그래서 무선 LAN 기술의 추진 단체인 와이파이 얼라이언스(Wi-Fi Alliance)에서는 무선 LAN 규격에 맞는 제품 간의 통신이 확실히 가능한지 상호 운용성을 테스트하고 있다. 이 와이파이 인증 테스트에 합격한 제품은 와이파이 로고가 부여되고 상호 운용성이 보증된다. 지금은 사용자가 제품을 선택할 때 이 로고를 참고할 수 있게 되었다.

🔲 정리

이 절에서는 다음과 같은 내용을 공부했다.

- 무선 LAN은 케이블 대신에 전파를 이용하여 LAN을 구축한다
- 무선 LAN의 장점은 다음과 같다
    - 모빌리티(이동성)이 우수하다
    - 복잡한 케이블 배선을 하지 않아도 된다
- 무선 LAN의 단점은 다음과 같다
    - 통신이 불안정
    - 보안 대책은 필수
- 기업 네트워크에서의 무선 LAN 기본 구성은 다음의 세 가지 요소로 구성된다
    - 무선 LAN 클라이언트
    - 무선 LAN 액세스 포인트
    - 무선 LAN 컨트롤러
- 와이파이는 무선 LAN 인정 규격 중 하나다. 와이파이 인정 테스트에 합격한 제품에는 와이파이 인정 로고가 주어지며, 다른 기종과의 상호 운용성이 보증된다

8-2 무선 LAN의 구조

이 절에서는 무선 LAN이 어떻게 통신하는지 그 구조에 대해 공부하겠다.

무선 LAN의 접속 순서

유선 LAN에서는 PC의 LAN 포트와 스위치 이더넷 포트를 UTP 케이블로 연결한다. 또한, 무선 LAN에서는 무선 LAN 카드를 탑재하고 있는 무선 LAN 클라이언트에서 무선 LAN 액세스 포인트라고 불리는 중계 기기에 '어소시에이션(Association)'이라는 프로세스로 접속한다.

➡ 이 책에서는 기업에서의 무선 LAN으로 일반적인 인프라스트럭처 모드 접속만을 설명한다.

어소시에이션에는 **SSID(Service Set Identifier)**라는 무선 LAN의 논리적 그룹을 구별하는 구별 정보가 필요하다.

무선 LAN 액세스 포인트는 여러 정보가 들어 있는 **비콘(Beacon)**이라고 불리는 제어 신호를 정기적으로 보내고 있다. 무선 LAN 클라이언트는 비콘을 수신하고 그 정보를 기반으로 이용 가능한 채널(주파수 대역)을 찾는다. 그리고 이용 가능한 채널을 알게 되면 무선 LAN 클라이언트는 무선 LAN 액세스 포인트에 대해 SSID를 지정하고 어소시에이션을 요청한다. 요청에 대해 무선 LAN 액세스 포인트는 어소시에이션 응답으로 연결 가능 여부를 통지한다.

➡ 여기까지의 순서는 유선 LAN으로 바꾼다면 UTP 케이블을 스위치 이더넷 포트에 연결하는 부분에 해당된다.

그 후에 데이터를 송수신하게 된다. 이 순서는 CSMA/CA(Carrier SenseMultiple Access with Collision Avoidance)를 따른다.

CSMA/CA

CSMA/CA(Carrier Sense Multiple Access with Collision Avoidance)는 여러 무선 LAN 클라이언트가 전파를 공유하여 통신하기 위한 제어 방식이다. 유선 LAN에서 사용되고 있는 CSMA/CD 방식과의 차이를 살펴보자. 85쪽에서 설명했듯이 CSMA/CD 방식에서는 데이터 송신 중에 콜리전(신호의 충돌)을 검출하고, 만약 검출된다면 통신을 즉시 중지하고 대기 시간을 추가한다.

한편, 무선 LAN의 통신에서는 콜리전을 검출할 수 없으므로 무선 LAN 클라이언트는 통신 경로가 일정 시간 이상 계속 비어 있는 것을 확인하여 데이터를 송신한다. 데이터를 송신하기 전에는 대기 시간을 매번 추가한다. 이 대기 시간은 랜덤한 길이를 가진다. 이로 인해 이전의 통신과는 일정 시간 간격을 두게 되고, 여러 무선 LAN 클라이언트가 동시에 데이터를 송신하는(그 결과 충돌이 발생하게 된다.) 것을 막을 수 있다.

CSMA/CA의 실제 순서는 다음과 같다.

① 우선 귀를 기울인다 – CS(Carrier Sense)

데이터를 송신하기 전에 비콘(무선 LAN 액세스 포인트에서 송출되는 제어 신호)으로 현재 같은 주파수 대역(채널)을 사용하는 무선 LAN 클라이언트가 있는지를 확인한다.

② 누구나 송신할 수 있다 – MA(Multiple Access)

복수의 클라이언트가 전파를 같이 사용하고 다른 사용자가 통신하고 있지 않다면 자신의 통신을 시작한다.

③ 충돌을 피한다 – CA(Collision Avoidance)

①의 CS의 단계에서 통신 중의 무선 LAN 클라이언트가 존재하는 경우, 해당 클라이언트의 통신이 끝남과 동시에 송신을 시도하면 똑같이 통신 종료를 기다리고 있던 다른 클라이언트와 데이터 충돌이 일어날 가능성이 높아진다. 그래서 통신 종료를 검지하면 자신이 데이터 송신을 시작하기 전에 랜덤한 길이의 대기 시간을 가지게 된다.

④ 데이터 통신 개시

위의 CSMA/CA 순서를 거쳐 데이터 통신이 가능한 상태를 확인했다면 IP 등의 레이어3 패킷에 IEEE802.11의 헤더를 추가해 전파에 실어 무선 LAN 액세스 포인트에 송신하면 실제 데이터 통신이 시작된다. 또한, 실제 데이터가 정확히 송신되었는지는 수신 측에서 ACK(Acknowledge) 신호가 도착하는지에 따라 판단한다. ACK 신호가 없다면 통신 장애가 있다고 판단하여 데이터를 재송신한다. 이것으로 송신의 신뢰성을 확보하게 된다.

위와 같이 무선 LAN에서의 통신은 충돌을 피하기 위해 랜덤한 시간을 삽입하거나 ACK에 의한 확인 응답 등의 오버헤드가 매우 커진다. 그래서 무선 LAN에서의 처리율(스루풋)은 규격상의 전송 속도보다 절반 이하로 떨어지게 된다.

➡ 하나의 무선 LAN 액세스 포인트에 동시에 통신 가능한 것은 한 대라서 클라이언트 수가 늘어나면 그만큼 전송 속도가 떨어진다. 실제 현장에서는 규격상 전송 속도의 절반에서 3분의 1 이하인 것이 실태다.

무선 LAN 액세스 포인트의 제한 범위

무선 LAN에서의 지역 개념에 대해 정리해 보자.

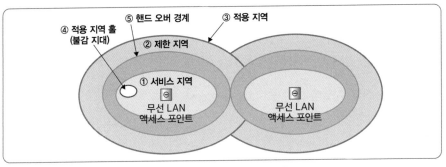

그림 8-5 무선 LAN 지역 정의

① 서비스 지역

서비스 지역(그림 8-5의 ①번)은 무선 LAN으로 통신이 가능한 범위를 말한다.

② 제한 지역

제한 지역(그림 8-5의 ②번)은 하나의 무선 LAN 액세스 포인트에서 전파(비콘)가 도달하는 범위를 말한다. 즉, 통신 품질 면에서는 서비스 지역 범위보다 떨어진다. 간섭을 고려해야 하는 지역이다.

③ 적용 지역

적용 지역(그림 8-5의 ③번)은 서비스 지역과 제한 지역을 포함한 모든 지역을 말한다. 또한 적용 지역을 '셀'이나 '커버리지'라고도 한다.

④ 적용 지역 홀(불감 지대 'blind zone')

적용 지역 홀(그림 8-5의 ④번)은 무선 LAN 액세스 포인트에서 전파가 도달할 수 없어 무선 LAN의 통신이 불가능한 지역을 말한다. 불감 지대라고도 한다.

적용 지역 홀에 대한 대책으로 사이트 서베이라는 조사를 하여 적용 지역 홀이나 전파 간섭이 발생하지 않는 셀의 범위, 또는 채널 설정을 조정해야 한다. 구체적으로는 설치 대수나 설치 장소를 조정한다.

⑤ 핸드 오버 경계

핸드 오버 경계(그림 8-5의 ⑤번)란, 다른 무선 LAN 액세스 포인트에 핸드 오버하는(액세스 포인트를 변경) 경계다.

채널 설계

무선 LAN 클라이언트와 무선 LAN 액세스 포인트의 거리가 떨어져 있다면 전파 감도는 나빠진다. 때문에 통신 세션이 끊어지거나 통신 속도가 느려지는 등의 영향을 받는다.

그래서 여러 무선 LAN 액세스 포인트를 설치하여 무선 LAN을 사용할 수 있는 지역을 확대할 필요가 있다. 이때, 무선 LAN 액세스 포인트의 채널 설계를 주의해야 한다.

➡ '채널'은 특정 주파수 대역을 하나의 단위로 정의한 것으로, TV나 라디오의 '채널'과 같은 것이다.

무선 LAN에서는 무선 LAN 클라이언트와 무선 LAN 액세스 포인트 간에 데이터 송수신을 하기 위해 같은 채널을 사용해야만 한다. 그러나 근접한 무선 LAN 액세스 포인트 간에 같은 채널을 사용하면 전파 간섭을 일으켜 통신 효율이 저하될 우려가 있다. 그러므로 간섭을 피하기 위해 근접한 무선 LAN 액세스 포인트 사이에서는 '전파 간섭을 일으키지 않는 채널'을 사용할 수 있도록 채널 설계가 필요하다.

구체적으로는 다음 그림의 주파수가 중복되지 않는 채널을 반복해서 사용한다.

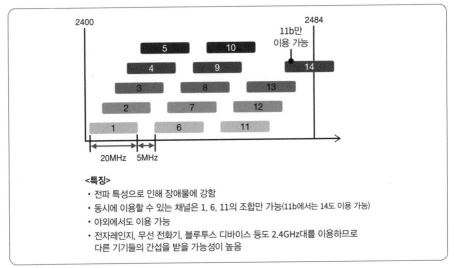

<특징>
- 전파 특성으로 인해 장애물에 강함
- 동시에 이용할 수 있는 채널은 1, 6, 11의 조합만 가능(11b에서는 14도 이용 가능)
- 야외에서도 이용 가능
- 전자레인지, 무선 전화기, 블루투스 디바이스 등도 2.4GHz대를 이용하므로
  다른 기기들의 간섭을 받을 가능성이 높음

그림 8-6 **2.4GHz 대역 채널**

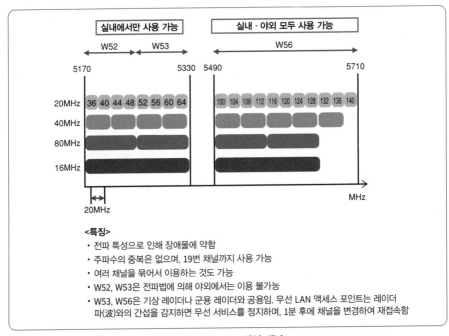

<특징>
- 전파 특성으로 인해 장애물에 약함
- 주파수의 중복은 없으며, 19번 채널까지 사용 가능
- 여러 채널을 묶어서 이용하는 것도 가능
- W52, W53은 전파법에 의해 야외에서는 이용 불가능
- W53, W56은 기상 레이더나 군용 레이더와 공용임. 무선 LAN 액세스 포인트는 레이더
  파(波)와의 간섭을 감지하면 무선 서비스를 정지하며, 1분 후에 채널을 변경하여 재접속함

그림 8-7 **5GHz 대역 채널**

다음 그림은 건물의 상/하층도 고려한 예제다. 철근 콘크리트로 만들어진 건물의 경우 같은 층만이 아닌 상/하층을 포함한 전파 간섭에도 주의해야 한다.

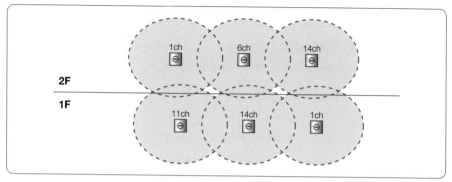

그림 8-8 채널 설계(옳은 예)

다음의 그림 8-7은 전파 간섭이 발생할 경우의 예제다. 같은 층 내에서는 '주파수가 중복되지 않는 채널'을 사용하고 있어 간섭이 발생하지는 않았다. 그러나 상/하층에 있어서는 같은 채널을 사용하고 있으므로 전파 간섭이 발생한다. 앞의 그림 8-8의 '채널 설계(옳은 예)'와 같이 채널 설계를 다시 해야 한다.

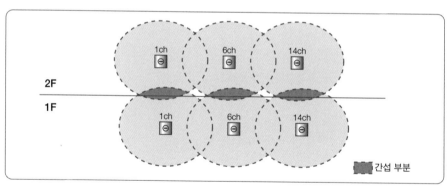

그림 8-9 채널 설계(간섭이 발생하는 예)

정리

이 절에서는 다음과 같은 내용을 공부했다.

- 무선 LAN의 접속에는 SSID라는 논리적인 그룹을 식별하는 식별 정보를 사용한다
- 무선 LAN의 접속 순서는 CSMA/CA를 사용한다. CSMA/CA는 여러 무선 LAN 클라이언트가 전파를 공유하여 통신하기 위한 액세스 제어 방식이다
- 근접한 무선 LAN 액세스 포인트 간에는 '전파 간섭을 일으키지 않는 채널'을 사용하도록 채널 설계가 필요하다
- 무선 LAN에는 2.4GHz와 5GHz의 주파수 대역이 이용된다
- 2.4GHz대역은 장애물에 강하지만 사용할 수 있는 채널 수가 적다는 특징이 있다. 전자레인지 등 무선 LAN 이외의 간섭원도 많으므로 주의가 필요하다
- 5GHz대역은 장애물에 약하지만 사용할 수 있는 채널 수가 많다는 특징이 있다
- 5GHz대역 중 W52(5.2GHz대역)와 W53(5.3GHz대역)는 야외에서 이용할 수 없다
- 5GHz대역 중 W53(5.3GHz대역)와 W56(5.6GHz대역)는 기상 레이더나 군용 레이더와 같은 주파수 대역을 사용하고 있다. 무선 LAN 액세스 포인트는 레이더 파(波)와의 간섭을 감지하면 무선 서비스를 정지하고 1분 후에 채널을 변경하여 재접속한다

8-3 무선 LAN의 보안

이 절에서는 무선 LAN에서의 보안 필요성과 그 대책에 대해 공부하겠다.

무선 LAN은 공중을 떠다니는 전파로 데이터를 주고받는다. 그래서 모르는 사이에 악의를 가진 제삼자에게 통신을 감청당할 위험성을 지녔다. 이 경우 해당 데이터가 기업의 기밀 정보라고 한다면 더더욱 문제가 될 것이다. 또한, 보안 대책이 취약한 무선 LAN 액세스 포인트라면 거기서 인터넷에 접속될 위험이 있다. 그러므로 무선 LAN의 도입에는 유선 LAN 이상의 보안 대책이 필요하다.

무선 LAN 기기의 보안 대책 기능

무선 LAN 제품에는 다음과 같은 보안 대책 기능이 있다.

- WEP(취약성이 있으므로 현재는 장려되지 않음)
- MAC 주소 필터링
- SSID
- WPA
- WPA2(IEEE802.11i)
- IEEE802.1X 인증

지금으로서는 충분하지 못한 기능이나 원래부터 보안 대책 기능이라고 부르지 않는 것도 있지만, 무선 LAN의 보안 사정을 정리하기 위해 함께 설명하겠다.

▌WEP

WEP(Wired Equivalent Privacy)는 IEEE에 의해 표준화된 무선 LAN 통신을 암호화하기 위한 규격으로, IEEE802.11b 등에서 사용되는 암호화의 총칭이다. 무선 LAN은 전파가 도달하는 범위라면 누구나 통신 내용을 감청할 수 있어 중요한 데이터가 노출될 위험이 있다. 때문에 통신을 암호화하여 제삼자가 통신 내용을 쉽게 알 수 없도록 하는데 사용한다.

그러나 WEP에 의한 암호화는 구조상의 몇 가지 문제점으로 인해 제삼자의 무차별 대입 공격(가능한 암호를 조합하여 모두 시도해 보는 공격 방법) 등으로 암호화에 사용되는 키(WEP 키)가 노출될 위험성이 있다. 또한, WEP 키는 사전에 액세스 포인트와 무선 LAN 클라이언트 간의 임의 문자열을 공유할 필요가 있다.

액세스 포인트에는 여러 무선 LAN 클라이언트도 같은 WEP 키를 사용하므로, WEP 키가 노출되면 같은 무선 LAN 액세스 포인트에 접속해 있는 다른 무선 LAN 클라이언트 데이터들도 간단히 해독할 수 있게 된다.

▌MAC 주소 필터링

MAC 주소 필터링이란 미리 무선 LAN 액세스 포인트에 등록된 MAC 주소에서밖에 접속할 수 없도록 하는 기능이다. 무선 LAN은 전파가 도달하는 범위라면 어디서든 접속할 수 있으므로 애초에 이용을 허가한 사용자 외에는 접속할 수 없게 해야 한다.

MAC 주소 필터링 기능을 활성화하면 무선 LAN 액세스 포인트는 무선 LAN 클라이언트의 MAC 주소와 자신의 MAC 주소 필터링 설정에 등록되어 있는 MAC 주소를 비교하여 일치하는 주소를 가진 무선 LAN 클라이언트만 통신을 허가한다.

일단 이것으로 부정 사용자에 대한 대책은 완벽한 것으로 보이나, 아직도 다음과 같은 취약성을 가졌다.

- 등록된 MAC 주소를 가진 무선 LAN 카드 도난
- MAC 주소 필터링 정보 도난

무선 LAN 액세스 포인트에 등록된 MAC 주소를 가진 무선 LAN 카드를 훔친 자는 그 카드를 자신의 노트북에 장착하여 통신할 수 있다. 또한, 지금은 무선 LAN 카드(어댑터) 내장형 PC가 일반적이지만, PC 자체를 도난 당할 위험성도 존재한다.

MAC 주소 필터링 정보의 도난에 대해서는 일부 유틸리티 소프트를 사용하면 통신 중인 무선 LAN 클라이언트의 MAC 주소를 알아낼 수 있다. 게다가 MAC 주소를 위조하는 소프트도 인터넷에서 쉽게 찾을 수 있어 악의를 가진 사용자가 자신의 무선 LAN 카드의 MAC 주소를 수동으로 변경하여 정식 사용자로 위장해 인증을 받고 통신할 수도 있다. 이와 같은 이유로 MAC 주소 필터링만으로는 강력한 보안 정책이라고 말할 수 없지만, 다음에 설명할 보안 대책과 같이 사용하면 효과가 있을 것이다.

▌SSID

SSID(Service Set Identifier)란 무선 LAN에서의 논리적 그룹을 식별하는 식별 정보다.

IEEE802.11에서는 무선 LAN 네트워크 구별자의 하나로 SSID를 이용하고 있다. SSID는 일반적으로 이른바 '네트워크명'으로서의 역할을 한다. 무선 LAN 액세스 포인트와 무선 LAN 클라이언트는 같은 SSID를 설정하지 않으면 접속할 수 없다.

이 기능을 사용하여 무선 LAN 액세스 포인트에 접속하는 사용자를 제한할 수 있으나, SSID에도 다음과 같은 취약성이 여전히 존재한다.

- SSID 정보의 도난
- SSID가 '공백' 또는 'ANY'인 무선 LAN 클라이언트와 접속 가능

위에서 설명한 내용처럼 무선 LAN 액세스 포인트는 무선 LAN 클라이언트가 접속 가능한 무선 LAN 액세스 포인트를 검지할 수 있게 비콘을 보낸다. 이 비콘에는 SSID가 포함되어 있어 SSID가 무엇인지 금방 알아낼 수 있다.

➡ 윈도우즈10의 경우 작업 표시줄 우측의 통지 영역에 있는 와이파이 아이콘을 클릭하면 비콘으로부터 취득한 SSID 리스트가 표시된다.

게다가 SSID가 '공백' 또는 'ANY'로 설정되어 있는 무선 LAN 클라이언트는 임의의 무선 LAN 액세스 포인트와 접속할 수 있다는 문제가 존재한다. 이것은 편리성을 위한

기능이지만, 보안 측면의 취약성으로 여길 수도 있다.

이 문제의 대책으로 비콘에 SSID를 포함하지 않도록 설정하거나, SSID를 '공백' 또는 'ANY'에 설정한 무선 LAN 클라이언트의 접속을 막는 설정을 무선 LAN 액세스 포인트에 구현한다.

➡ 제품에는 'SSID 스텔스(은폐) 기능'이나 'ANY 접속 거부 기능' 등의 이름으로 되어 있다.

그러나 이와 같은 방법을 사용해도 무선 LAN 액세스 포인트와 무선 LAN 클라이언트 간을 오가는 데이터 자체에는 SSID가 포함되어 있다. 때문에 양 구간을 오가는 패킷을 캡쳐하면 SSID를 알아낼 수 있다. 즉, SSID는 무선 LAN 액세스 포인트와 무선 LAN 클라이언트를 그룹화하기 위한 단순 '문자열'에 불과하며, 보안 기능으로서의 역할은 기대할 수 없다.

> **참고**
>
> 인프라스트럭처 모드 네트워크 구성의 경우 기본이 되는 하나의 액세스 포인트와 그 아래에 여러 대의 무선 LAN 클라이언트로 구성된 네트워크를 BSS(Basic Service Set)라고 부르지만, 그때 사용하는 식별자는 BSSID라고 부른다. 또한, 여러 BSS로 구성된 네트워크를 ESS(Extended Service Set)라고 부르며, 그때 사용되는 식별자는 ESSID라고 부른다.

▌WPA

WPA(Wi-Fi Protected Access)란 무선 LAN의 업계 단체 와이파이 얼라이언스가 2002년 10월에 발표한 무선 LAN의 암호화 방식 규격이다. WEP에서 취약성을 보강하고 보안 강도를 향상시켰다. WPA는 기존 SSID와 WEP 키에 추가로 사용자 인증 기능을 지원한다는 점이나 암호 키를 일정 시간별로 자동으로 갱신하는 TKIP(Temporal Key Integrity Protocol, 티킵)이라고 불리는 암호화 프로토콜을 채용하는 등의 개선이 이루어졌다.

TKIP은 일정 패킷양이나 일정 시간별로 키를 자동 변경하고 암호화하여 같은 키를 계속 사용할 수 있는 WEP의 단점을 개선하고 보안 강도를 높였다. 그러나 2008년 11월에 WPA로 사용하고 있는 TKIP에 대한 암호 해독 성공 사례가 보고되어 현재 기업 네트워크에서는 사용하지 않는다.

여기까지 네 가지 기능에 대해 살펴보았지만, 이것들이 지극히 안전하다고는 말할 수 없다. 무선 LAN을 사용하려면 보다 고도의 보안 기능이 필요하다. 그래서 IEEE는 2004년 IEEE802.11i라고 불리는 보안 규격을 정하고, 와이파이 얼라이언스로부터 이에 준거한 규격으로서 WPA2가 발표되었다. 그리고 또 하나의 중요한 보안 규격으로 IEEE802.1X라는 것이 있다. 이어서 각각 소개하도록 하겠다.

▌WPA2(IEEE802.11i)

WPA2(IEEE802.11i) 는 와이파이 얼라이언스가 2004년 9월에 발표한 WPA의 새로운 버전으로, 더욱 강력한 AES 암호(미국 국립 표준 기술 연구소(NIST)가 인정한 표준 암호화 방식)를 사용하고 있다.

AES 암호는 미국의 새로운 암호 규격으로 규격화된 공통 키 암호 방식이며, 1977년에 발행된 암호화 규격(Data Encryption Standard. 이하 DES)이 기술 진보에 따라 시대에 뒤처지게 되어 새로이 고안하게 된 암호 방식이다. 그 외 사양은 WPA와 거의 동일하여 WPA 지원 기기와도 통신할 수 있다.

표 8-3 **WPA와 WPA2의 비교**

	WPA	WPA2
인증 방식	PSK(사전 공유 키), IEEE802.1X 인증	WPA와 동일
암호화 방식	TKIP(RC4, ※필수) CCMP(AES)	TKIP(RC4) CCMP(AES, ※필수)

▌IEEE802.1X 인증

IEEE802.1X는 스위치 등 네트워크 기기의 포트 단위로 레이어2 레벨에서 사용자 인증을 하는 순서를 정해 둔 것이다. 여기서는 인증 서버를 사용해 사용자를 인증한다. 유선 LAN의 경우에는 물리적 LAN 포트가 관리 대상이 되고, 무선 LAN의 경우는 사용자가 접속한 시점에서 생성되는 논리적인 포트가 관리 대상이 된다.

구체적으로 무선 LAN 액세스 포인트로 인증 프로토콜을 제한하고, 무선 LAN 액세스 포인트와 인증 서버가 인증 통신을 하게 된다. 사용자 입장에서 보면 무선 LAN 액세스 포인트가 마치 인증 서버로 동작하고 있는 것처럼 보인다. 무선 LAN 액세스 포인트에서 인증 프로토콜을 제한하게 되면, 미인증 사용자가 네트워크 측(무선 LAN 액세스 포인트보다 윗단)에 패킷을 보내는 것을 방지할 수 있다.

다음으로는 IEEE802.1X를 사용하기 위해 필요한 구성을 정리하였다. 이 책에서는 상세하게 설명하지 않지만, 무선 LAN 액세스 포인트 외에 IEEE802.1X에 대응하는 무선 LAN 클라이언트나 인증 서버 등의 준비가 필요하다.

IEEE802.1X 구성 요소

- IEEE802.1X에 대응하는 무선 LAN 클라이언트
- 무선 LAN 액세스 포인트/컨트롤러
- 사용자 ID나 비밀번호를 관리하는 IEEE802.1X에 대응하는 인증 서버(RADIUS)
- 외부 인증 서버(Certificate Authority 또는 CA)[주1]

이상으로 무선 LAN의 보안 대책 기능에 대해 대략적으로 설명했다. 마지막으로 무선 LAN 기기의 보안 기능은 어디까지나 무선 LAN 액세스 포인트와 무선 LAN 클라이언트 간의 보안을 확보할 뿐이다. 기업 기밀 정보 등 중요한 정보를 송신하는 경우에는 무선 LAN 클라이언트에서 통신 상대에 이르기까지 앤드 투 앤드로 보안을 확보하는 SSL이나 VPN 등의 기술과 함께 사용해야만 한다.

'나무만 보고 숲을 보지 않는다'나 '작은 일에 마음을 빼앗겨 큰 것을 놓친다'라는 말이 있듯이, 보안 정책에서는 이런 상태가 되지 않도록 노력해야 한다. 우선 네트워크 전체를 살펴보고 영향도, 우선순위를 생각하면서 대책을 강구하면 좋을 것이다.

주1 클라이언트 인증에 '증명서'를 사용하는 경우에만 필요하다.

정리

이 절에서는 다음과 같은 내용을 공부했다.

- 무선 LAN을 사용함에 있어서는 고도의 보안 기능이 반드시 필요하다. 요즘에는 다음 두 가지 기능을 조합하여 사용한다
  - WPA2(IEEE802.11i)
  - IEEE802.1X 인증

- 기업 기밀 정보 등 중요한 정보를 송신하는 경우에는 무선 LAN 클라이언트에서 통신 상대에 이르기까지 앤드 투 앤드로 보안을 확보해야만 한다

APPENDIX

부록

APPENDIX

부록-1 가상화

가상화란 컴퓨터나 네트워크 기기 등의 **기능**을 '하드웨어'라는 개념에서 벗어나 물리적인 제약을 받지 않고 유연하게 사용할 수 있게 하는 기술이다. 가상화된 기능은 서버의 경우는 CPU나 메모리, 네트워크 기기의 경우는 본체 그 자체나 포트가 해당된다.

가상화의 장점

가상화에 의해 물리적인 구성에 의존하지 않고 논리적인 기기 구성이 가능해진다. 가장 큰 장점은 다음의 세 가지다.

- 간단히 확장 가능
- 가용성이 향상
- 자원을 효율적으로 사용 가능

물리적인 구성에 얽매이지 않고 시스템 증설 시나 장애 시에 서비스 중지 없이 증설 작업이 가능하며, 장애 시 교환 작업을 할 수 있다.

최대 장점은 자원을 효율적으로 사용할 수 있다는 것이다. 고성능 서버나 네트워크 기기 등을 준비하여 필요에 따라 시스템을 사용자에게 할당하거나, 피크 때만 자원을 많이 할당하는 등의 일이 가능해진다면 자원을 좀 더 효율적으로 활용할 수 있다. 피크 이외의 경우 장애를 대비한 이중화 용도로 이용한다면 네트워크나 시스템 전체의 가용성을 높일 수도 있다.

예를 들어 네트워크상에 여러 서버가 있다고 할 경우, 각 서버 사용률의 피크 시간이 다를 때가 많다. 각 서버의 CPU는 피크 시간에는 사용률이 높지만, 그 시간 외에는 별로 사용하지 않아 사용률은 전체적으로 낮다. 그래서 한 대의 물리 서버상에 여러 가상 서버를 가동시켜 CPU 자원을 활용하는 것이다. 각 서버의 사용률 피크 시간별 CPU 리소스 할당을 변경하여 사용률을 높일 수 있다.

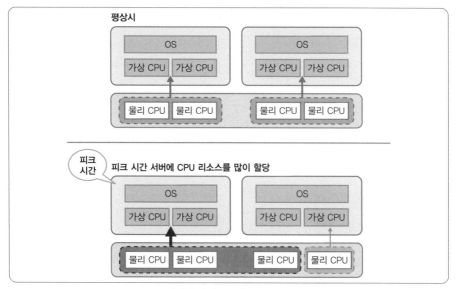

그림 A-1 **가상화에 따른 효율적 CPU 리소스 활용**

결국 자원 선택과 집중이 필요할 때 실시하는 것이다. 반면, 물리적인 구성으로부터 통신 흐름을 파악할 수 없어 그때마다 리소스 할당 상태를 파악해야 하는 등 운용 관리 측면에서 복잡해지는 과제가 아직 남았다. 가상화 시스템을 운용하는 측에서도 시스템 전체 구성이나 설계 개념 등을 파악할 수 있는 정도의 기술력이 필요하다.

가상화 적용 범위는 넓다

가상화라고 한마디로 정의하더라도 그 적용 범위는 사용자가 사용하는 PC에서 네트워크, 서버, 스토리지까지 다양하다. 이 책에서는 그중에서도 네트워크에 초점을 맞춰 설명하겠다. 기업 내 LAN에서의 가상화는 크게 다음 세 가지를 들 수 있다.

- PC 가상화

- 네트워크 경로 가상화
- 네트워크 기기 가상화

▌ 사용자에게 가장 친숙한 'PC 가상화'

여러분에게는 가장 친숙한 것은 'PC 가상화'일 것이다. 이것은 한 대의 PC에 여러 대의 PC 환경을 가상으로 만드는 기술이다. 구체적으로 다른 OS나 애플리케이션을 이용하기 위해 사용된다. 가장 친숙한 예로는 윈도우즈를 사용하고 있는 사용자가 동일한 PC로 리눅스도 사용하고 싶을 경우를 들 수 있다.

이 경우는 윈도우즈상에 가상화 소프트를 설치한 상태에서 리눅스를 설치하면 윈도우즈 환경과 리눅스 환경을 함께 사용할 수 있다.

▌ 네트워크 경로 가상화

네트워크 경로를 가상화하는 기술은 크게 세 가지로 나뉜다.

- VLAN
- 링크 어그리게이션
- VPN

가상화라고 하면 기술적으로는 새롭고 진입 장벽은 높다고 느끼겠지만, 네트워크 분야에서의 가상화는 의외로 예전부터 사용되고 있었던 친숙한 것들이다.

먼저 **VLAN**이 있다. 기업 내 LAN에서 사용되는 기술 중 사용자에게 가장 친숙한 것이 VLAN이다. 이것은 제4장에서 설명한 것과 같이 물리적인 접속과는 다른 형태로 논리적인 LAN을 정의할 수 있는 LAN 스위치 기능이다.

➡ VLAN의 이용에 대해서는 제4장 99쪽에서 설명했다.

다음은 **링크 어그리게이션**이다. 링크 어그리게이션은 여러 물리 링크를 한 개의 포트로 논리적이게 묶는 기술이다. 이것도 네트워크 분야에서는 당연한 기술이지만, 가상화의 일종이라고 말해도 될 것이다.

➡ 링크 어그리게이션의 이용에 대해서는 제4장 120쪽에서 설명했다.

마지막으로 **VPN**이다. VPN은 인터넷 등 다른 사용자와 같이 사용하는 네트워크상에 가상으로 전용 네트워크를 만드는 기술이다. 이것도 가상화 기술 중 하나다.

인터넷망에 구축되어 있는 것이 인터넷 VPN이다. 사내와 외부를 연결하는 VPN 장치 (라우터 등)로 패킷을 암호화/복호화하여 불특정 다수의 사용자가 사용하는 인터넷을 전용 네트워크처럼 사용할 수 있다. 통신 사업자의 네트워크에서 구축되는 것이 일반 적인 IP-VPN이다.

➡ VPN의 이용에 대해서는 제3장 71쪽에서 설명했다.

이와 같이 네트워크에서 본 가상화는 의외로 친숙한 것들이므로 가상화라는 단어에 당황하지 말고 기초를 정확히 공부하도록 하자.

▎네트워크 기기 가상화

네트워크 기기를 가상화하는 기술은 크게 두 가지로 나뉜다.

- 여러 기기를 한 대의 기기로 보이게 만든다
- 한 대의 기기를 여러 기기로 보이게 만든다

여러 네트워크 기기를 하나의 기기로 보이게 하는 기술은 스위치를 대상으로 하는 기술이다. 이 기술을 '**스태킹**'이라고 한다. 스태킹을 사용해 기존 스위치 사이를 연결하는 다단 구성이었던 것을 하나의 스위치로 보이게 만들어 네트워크 구성이 단순해지므로 운용 관리가 편해진다.

➡ 스태킹의 이용에 대해서는 제4장 120쪽에서 설명했다.

또 다른 기술은 하나의 기기를 여러 대로 보이도록 하는 기술이다. 실제 자주 사용하는 예로써 UTM(Unified Threat Management, 통합 위협 관리)이 있다. UTM를 가상으로 여러 UTM으로 분할한 후, 보안 정책이 다른 부서별로 할당하는 것이다. 예를 들어, 일반 사용자와 정보 시스템 부분에서 보안 정책이 다른 것은 당연한 일이므로 UTM 를 가상으로 분할함으로써 마치 여러 대의 UTM을 부서별로 설치한 것처럼 나눠서 사용할 수 있다.

정리

- 가상화의 가장 큰 장점은 다음의 세 가지다
  - 간단히 확장 가능
  - 가용성이 향상
  - 자원을 효율적으로 사용 가능

- 가상화라고 한마디로 정의하더라도 그 적용 범위는 사용자가 사용하는 PC에서 네트워크, 서버, 스토리지까지 다양하다. 네트워크에 초첨을 맞춰보면 기업 내 LAN에서의 가상화는 크게 세 가지로 볼 수 있다
  - PC 가상화
  - 네트워크 경로 가상화
  - 네트워크 기기 가상화

- 네트워크 경로를 가상화하는 기술은 크게 세 가지로 나뉜다
  - VLAN
  - 링크 어그리게이션
  - VPN

- 네트워크 기기를 가상화하는 기술은 크게 두 가지로 나뉜다
  - 여러 기기를 한 대의 기기로 보이게 한다(스태킹)
  - 한대의 기기를 여러 기기로 보이게 한다

네트워크에서 본 스마트 디바이스

부록-2

스마트 디바이스란?

지금은 아침에 전철에서 신문을 보는 사람이 많이 줄었다. 전철뿐만 아니라 길에서도, 카페에서도 어디를 가든지 모두가 **스마트 디바이스**를 사용하고 있다. 또한 회사원, 학생은 물론이고 주부, 노인에 이르기까지 폭넓은 세대에 걸쳐 스마트 디바이스가 당연한 듯이 이용되고 있다.

스마트 디바이스란 '스마트폰'과 '태블릿 단말' 등을 총칭하는 단어다.

- 스마트폰
- 태블릿 단말

스마트폰은 여러분이 알고 있는 것과 같이 휴대 전화기가 진화된 것으로 이해하면 된다. 구체적으로는 전화를 하기 위한 '통화 기능'과 데이터 송수신을 위한 '통신 기능' 모두를 가지고 있는 것이다. 통신 기능에는 '무선 데이터 통신 기능(또는 패킷 통신)'과 '무선 LAN 통신의 기능'의 두 가지가 있다. 사이즈는 제조사에 따라 다르지만 화면은 6인치 미만의 터치 패널로 만들어져 있는 것이 대부분이다.

사진 A-1 스마트폰

한편 **태블릿 단말**은 스마트폰과 달라 '통화 기능'이 없고 화면이 7인치 이상(사이즈는 제조사에 따라 다르다.)의 터치 패널로 되어 있는 것이 대부분이다. 또한, '통신 기능'은 '휴대 데이터 통신 기능(셀룰러)'과 '무선 LAN 통신 기능(와이파이)' 모두를 가지고 있는 모델과 '무선 LAN 통신 기능(와이파이)'만을 가진 모델이 있다.

사진 A-2 **태블릿 단말**

스마트 디바이스에서 사용되는 운영체제

이번에는 조금 기술적인 이야기를 하겠다. 스마트 디바이스도 PC와 같이 OS를 기반으로 동작한다. 스마트 디바이스에 탑재되어 있는 운영체제(OS)는 2018년 2월 현재(집필 시점) 다음의 두 종류가 있다.

- 안드로이드(Android)
- iOS

현재 한국에서 많이 사용되는 디바이스로는 미국 구글이 개발한 스마트 디바이스용 OS인 '안드로이드(Android)'를 탑재한 '안드로이드 단말'과 미국 애플에서 개발한 'iOS'를 탑재한 '아이폰(iPhone)'과 '아이패드(iPad)'가 있다. 때문에 현재 가장 많이 사용되는 운영체제 역시 안드로이드와 iOS다.

과거에는 블랙베리 OS를 탑재한 스마트 디바이스나 심비안 OS를 탑재한 스마트 디바이스가 판매되기도 했지만, 현재는 한국에서 더는 판매가 이루어지지 않는다.

네트워크 측면에서 본 스마트 디바이스

여기서는 스마트 디바이스를 네트워크 전체 입장에서 살펴보도록 하자.

스마트 디바이스는 상시 접속 통신 기능 또는 무선 LAN 기능, 아니면 두 기능을 모두 탑재한 휴대 단말이다. 자신이 좋아하는 애플리케이션을 점점 추가하여 커스터마이징

할 수 있는 PC를 손바닥만한 사이즈로 만든 셈이다. 또한 스마트폰의 경우 통화 기능, 즉 전화를 걸고 받을 수 있다. 반면, 태블릿 단말은 전화 기능을 쓸 수는 없지만 가볍고 얇으며, 큰 화면 덕분에 PC처럼 사용할 수 있는 장점을 가졌다.

그럼 이와 같은 설명을 바탕으로 스마트 디바이스 측면에서가 아닌, 네트워크 측면에서 통신의 흐름을 설명하겠다.

통신의 흐름

스마트 디바이스에서 여러분 집의 고정 전화나 휴대 전화에 전화를 거는 흐름은 다음의 그림과 같다. 이것은 현재 태블릿 단말로는 할 수 없고 스마트폰에서만 가능한 기능이다.

⇒ 그러나 태블릿 단말에서도 스카이프 등의 IP 전화 앱을 이용해 고정 전화나 휴대 전화로 전화를 걸 수 있다. 그 경우는 최초 인터넷망에 들어간 후 휴대 전화망, 일반 전화망으로 접속한다.

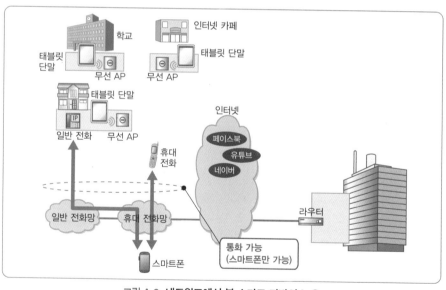

그림 A-2 **네트워크에서 본 스마트 디바이스 ①**

데이터 통신의 흐름

다음은 스마트폰과 태블릿 단말 모두 해당되는 이야기다. 스마트 디바이스에서는 다음 그림과 같은 흐름으로 데이터 통신을 하게 된다. 주요한 부분은 **무선 LAN 환경이 있느냐 없느냐**다.

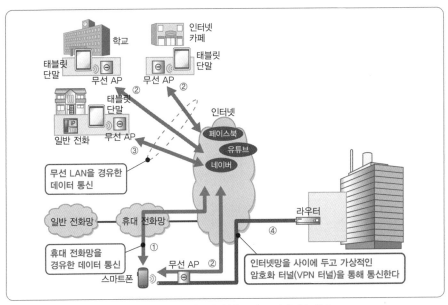

그림 A-3 네트워크에서 본 스마트 디바이스 ②

외부에서 무선 LAN 환경이 없을 경우에는 스마트 디바이스는 휴대 전화망을 경유하여 데이터 통신이 이루어진다(①). 스마트 디바이스에서 휴대 전화망을 경유해 인터넷망에 들어가 네이버(Naver)나 유튜브, 페이스북 등을 보게 된다. 한편 무선 LAN 환경이 있는 경우, 무선 LAN의 액세스 포인트를 경유하여 인터넷망에 들어가 네이버나 유튜브, 페이스북 등의 인터넷 세계로 들어갈 수 있다.

최근에는 학교나 인터넷 카페 등도 같은 통신 흐름이 된다(②). 또한, 여러분의 집에 무선 LAN 액세스 포인트가 있는 경우, 이론적으로는 ②에서 설명한 내용과 같다(③).

마지막은 기업으로써, 즉 기업용 스마트 디바이스를 사용하는 경우다. 이 경우는 기업 측의 네트워크에 VPN 기능을 탑재한 라우터 등의 네트워크 기기를 설치한 후, 인터넷망을 경유해 스마트 디바이스와 가상 암호화 터널(VPN 터널)로 연결하여 데이터 통신을 하는 것이 원칙이다(④). 기업의 기밀 데이터나 개인 정보를 보호해야 하기 때문이다.

🖳 정리

- 스마트 디바이스는 '스마트폰'과 '태블릿 단말'의 총칭이다
- 스마트폰과 태블릿 단말의 큰 차이점은 다음과 같다
  - 스마트폰은 통화 기능이 탑재되어 있다
  - 태블릿 단말은 통화 기능이 탑재되어 있지 않다
- 스마트 디바이스는 다음과 같은 흐름으로 데이터 통신을 한다
  - 무선 LAN 환경이 없는 경우에는 휴대 전화망을 경유하여 인터넷에 접속한다
  - 무선 LAN 환경이 있는 경우에는 LAN을 통해 인터넷에 직접 접속한다

찾/아/보/기